DENIZ AYTEKIN
mit Andreas Hock

RESPEK
IST ALL

DENIZ AYTEKIN
mit Andreas Hock

RESPEKT IST ALLES

Was auf und neben dem Platz zählt

riva

Bibliografische Information der Deutschen Nationalbibliothek
Die Deutsche Nationalbibliothek verzeichnet diese Publikation in der Deutschen Nationalbibliografie. Detaillierte bibliografische Daten sind im Internet über https://dnb.de abrufbar.

Für Fragen und Anregungen
info@m-vg.de

Wichtiger Hinweis
Ausschließlich zum Zweck der besseren Lesbarkeit wurde auf eine genderspezifische Schreibweise sowie eine Mehrfachbezeichnung verzichtet. Alle personenbezogenen Bezeichnungen sind somit geschlechtsneutral zu verstehen.

Originalausgabe
5. Auflage 2026

Türkenstraße 89
80799 München
Tel.: 089 651285-0

Redaktion: Dr. Ulrich Korn
Umschlaggestaltung: Marc-Torben Fischer
Umschlagabbildung: Getty Images, PATRIK STOLLARZ
Layout und Satz: abavo GmbH, Buchloe
Druck: CPI
Printed in the EU

ISBN Print 978-3-7423-1910-4
ISBN E-Book (PDF) 978-3-7453-1631-5
ISBN E-Book (EPUB, Mobi) 978-3-7453-1632-2

Inhalt

Jarolíms Abgang: Wie mein erstes Spiel beinahe mein letztes gewesen wäre

Mit 28 Jahren war ich dort angekommen, wovon ich immer geträumt hatte. Viele Jahre hatte ich extrem hart trainiert, um überhaupt auf diesem Niveau mithalten zu können. Dabei opferte ich unzählige Wochenenden, in denen ich mich von der Bezirksliga nach oben arbeitete. Sonntags brachte ich den Frust über meine Fehlentscheidungen mit nach Hause, und weil wegen der Pfeiferei sonst keine Zeit blieb, saß ich in den Nächten am Computer und widmete mich meinem eigentlichen Beruf. Und nun wäre mein allererstes Spiel in der Bundesliga um ein Haar auch mein letztes geworden!

Es war der 19. August 2006 – ein Tag, der für Hochsommer eindeutig zu kühl ausfiel. In Cottbus waren es nicht mal 20 Grad, der Himmel war bedeckt, am Vormittag gab es sogar ein paar Regenschauer. Trotzdem kochte das ausverkaufte Stadion der Freundschaft fast über. Der heimische FC Energie war gerade erst zum zweiten Mal in die 1. Bundesliga aufgestiegen und hatte am ersten Spieltag mit 0:2 in Mönchengladbach verloren. Nun stand die Heimspiel-Premiere an: gegen den Hamburger SV, der in der Vorsaison Dritter geworden war und mit seinen Topstars Rafael van der Vaart, Boubacar Sanogo oder Paolo Guerrero mehr oder weniger als Geheimfavorit für den Titel galt. Ich war 26 und stand das erste Mal in meinem

Leben während eines Erstligaspiels auf dem Platz - oder besser gesagt: daneben. Während der vergangenen Saison war ich öfter in der 2. und 3. Liga beobachtet worden. Jetzt hatte mich der DFB offenbar für reif genug befunden, Günter Perl als Assistent in der höchsten deutschen Spielklasse zur Seite zu stehen. Als ich mit Günter und dem zweiten Assistenten Josef Maier den Rasen betrat, ahnte ich nicht, welche Überraschungen dieser Nachmittag bei idealen Bedingungen noch mit sich bringen sollte.

Es lief die 54. Minute. Die Situation war unübersichtlich, obwohl das Spiel bislang eher dahinplätscherte. Wir trafen eine völlig richtige Abseitsentscheidung; Perl gab drei berechtigte Gelbe Karten, und der Führungstreffer für den HSV durch Sanogo sechs Minuten vor der Halbzeitpause war ebenfalls unstrittig. Sonst passierte nicht viel. Nun aber drängte Cottbus, angefeuert vom eigenen Publikum, auf den Ausgleich und erzwang einen Eckball auf meiner Seite. Ich stand wie immer konzentriert an der Eckfahne und verfolgte, wie ein Energie-Spieler den Ball hereintrat und ein Stürmer zum Kopfball kam, der jedoch abgeblockt wurde. Plötzlich schoss Mariusz Kukiełka aus der zweiten Reihe. Ich fokussierte mich sofort auf das Gewühl vor dem HSV-Tor und sah Sekundenbruchteile später das, was fast alle 21 000 anderen Menschen im Stadion ebenfalls erkannten: ein Handspiel eines Feldspielers auf der Torlinie. Die Fans schrien, die Cottbusser reklamierten, nur Günter Perl hatte aus seiner Position anscheinend nichts bemerkt. Wir besaßen damals noch keinen Funk, über den wir Kontakt hätten aufnehmen können. Also suchte ich ihn mit meinen Augen und winkte wie verrückt mit meiner Fahne, um Günter anzuzeigen, dass da etwas nicht stimmte. Er entdeckte mein Signal und kam herüber.

»Was ist los?«, fragte er mich, nachdem er zu mir an die Seitenlinie gerannt war.

»Klares Handspiel«, antwortete ich.

»Okay. Von wem?«, fragte er und sah mich eindringlich an.

»Keine Ahnung«, sagte ich wahrheitsgemäß und merkte schlagartig, dass wir nun ein Problem hatten.

Die Regel war eindeutig: Nach einem Handspiel im Strafraum, das eine Torchance verhinderte, folgte ein Strafstoß – und Rot für denjenigen, der den Ball absichtlich mit der Hand berührt hatte. Es gab hier keinerlei Ermessensspielraum: Wir mussten neben dem Elfer zwingend einen Platzverweis verhängen. Doch der Sünder war nicht zu identifizieren, jedenfalls nicht für uns. Die Zuschauer auf den Rängen wurden unruhig. Günter lief zu meinem Kollegen schräg gegenüber, aber Josef und der vierte Offizielle Thomas Frank hatten nicht bemerkt, dass David Jarolím, der den Ball beinahe schon in Torwartmanier für seinen geschlagenen Keeper Sascha Kirschstein abfing, unsere Unaufmerksamkeit ausgenutzt und sich klammheimlich aus dem Staub gemacht hatte. Allerdings konnten die drei anderen Schiris gar nichts dafür: Die Beobachtung des Geschehens im Strafraum war in diesem Fall mein Job.

Wäre Jarolím auf der Linie stehen geblieben oder hätten sich die anderen Spieler nach dem Verstoß wie üblich um ihn herumgruppiert, wäre ich wahrscheinlich in der Lage gewesen, die Szene zu rekonstruieren. So aber nutzte er die Verwirrung und trollte sich unauffällig und außerhalb meines Blickfeldes in Richtung Mittelkreis. Von dort aus blickte er, wie man im Fernsehen später sehen konnte, aus sicherer Entfernung auf das Chaos. Es gab nichts zu deuten: Ich hatte einen Fehler gemacht. Und selbst wenn ich in den nachfolgenden 30 Minuten noch mehrere haarscharfe Abseitsstellungen auf den Millimeter genau erkannt hätte, war meine Premiere auf der großen Bühne ordentlich schiefgegangen. Mir war klar, was nun folgte: Ich würde abwechselnd in der Regionalliga Süd und in der 2. Liga pfeifen. Nun konnte ich davon ausgehen, dass das auch so bliebe, wenn überhaupt.

Günter hatte keine andere Wahl, als auf den Elfmeterpunkt zu zeigen und ansonsten auf dem Feld alles so zu belassen, wie es war. Die Cottbusser regten sich zwar auf und bedrängten ihn, aber nur auf Zuruf der Energie-Spieler konnte er David Jarolím natürlich nicht vom Platz stellen – und die von ihm befragten Hamburger hatten wundersamerweise ebenfalls nichts mitbekommen. Nach dem verwandelten Elfmeter wurde die Partie hektisch, woran auch die Atmosphäre im Stadion ihren Anteil hatte, an der wiederum ich gewissermaßen schuld war. Die Fans jubelten zwar über den Ausgleich, waren aber sauer darüber, dass der HSV noch vollzählig weiterspielen durfte. Das änderte sich erst recht nicht, als die Gäste den zwischenzeitlichen Cottbusser Führungstreffer in der 69. Minute kurz darauf wieder egalisierten. Neun Minuten vor dem Ende eskalierte das Geschehen: Die Spieler schubsten und rempelten sich meist nur noch, anschließend gab es eine wilde Rudelbildung mit mehreren Gelben Karten und einem Platzverweis für den Hamburger Guy Demel als Folge. Für den armen Günter war die Spielleitung zur Schwerstarbeit geworden, und jeder von uns war froh, als er endlich abpfiff.

* * *

Volker Roth, damals Vorsitzender des DFB-Schiedsrichterausschusses, legte großen Wert darauf, am Tag nach den Spielen einen kurzen Lagebericht der am Spieltag eingesetzten Kollegen zu erhalten. Dazu musste man ihn am nächsten Morgen in seiner Firma anrufen. Normalerweise dauerten die Gespräche nicht länger als 30 Sekunden, an deren Ende Roth kurz und knapp mitteilte, was ihm bei der Spielleitung gefallen hatte und was nicht.

»Drei Minuten achtundzwanzig«, sagte Günter am Telefon zu mir, nachdem er mit dem Chef gesprochen hatte. Ich konnte mir denken, was das bedeutete. Perl hatte eine eigene, humorvolle Art, mit solchen Stürmen umzugehen.

Natürlich war Roth auf der Palme. Er verstand nicht, wie es passieren konnte, dass man in einem derart unmissverständlichen Moment so danebenlag. Genau auf solche Dinge wurden wir schließlich geschult. Wäre es nach ihm gegangen, hätte ich vermutlich in den nächsten Monaten vor dem heimischen Fernseher zusehen können, wie die anderen ihre Aufgabe an der Linie erledigten. Doch Günter schaffte es, ihn zu besänftigen und mich zu beruhigen. Er nahm die Schuld auf sich und setzte sich dafür ein, mir noch eine Chance zu geben.

»Der Rucksack ist schwer, Deniz«, sagte er zu mir. »Du musst aufpassen, dass du nicht nach hinten kippst.«

Diesen Satz merkte ich mir.

Ich dachte lange darüber nach, wie mir dieser Lapsus passieren konnte. Klar, Fehler gehörten dazu, und selbstverständlich waren mir auch in meinen bisherigen Spielen schon Sachen durchgerutscht, über die ich mich im Nachhinein sehr geärgert hatte. Die Wucht der Bundesliga aber war eine andere. Darauf war ich nicht vorbereitet.

»Vier Schiris. Acht Augen. Null Durchblick«, titelte die *Bild am Sonntag* am nächsten Morgen. Nicht das deutliche 4:0 von Hertha BSC gegen Hannover 96 oder das überraschende Unentschieden, das Jürgen Klopps FSV Mainz bei Borussia Dortmund erreichte, lenkte die mediale Aufmerksamkeit auf sich. Mein Blackout, der in der Wahrnehmung zu einem Totalversagen unseres Gespanns geworden war, dominierte die überregionale Berichterstattung.

Die Montagsausgabe des *Kicker* vergab für Günters Leistung eine glatte 5, verbunden mit einer vernichtenden Bewertung, die mir sehr leidtat. Ich als Assistent hingegen kam in der öffentlichen Wahrnehmung kaum vor. Auch wenn es vermutlich nie einer der Betroffenen zugeben würde: Solche Beurteilungen konnten einen nachhaltig runterziehen. Doch Perl ließ sich seine Enttäuschung nicht anmerken und verlor nie wieder ein Wort darüber, dass er nach außen hin die komplette Verantwortung übernommen hatte. Diese Haltung imponierte mir. Genauso wie er wollte ich es auch handhaben, sollte ich eines Tages tatsächlich mal in der 1. Bundesliga pfeifen dürfen und im Auge eines solchen Orkans stehen.

In den nächsten Tagen versuchte ich, das Cottbus-Spiel abzuhaken und mich auf meine kommenden Aufgaben zu fokussieren. Schon in einer Woche würde es dank Günters Einsatz für mich im Gottlieb-Daimler-Stadion weitergehen, wo ich an der Seite von Franz-Xaver Wack beim VfB Stuttgart gegen den BVB zum Einsatz kommen sollte. Ich wusste: Wenn ich weiterkommen wollte, musste ich aus meinen Fehlern lernen und mir ein dickeres Fell zulegen. Und beim nächsten Mal besser hinschauen!

Hin- und hergerissen: Von Zirndorf nach Malkara und wieder zurück

Ich bin ein klassisches Gastarbeiterkind. Meine Eltern kamen in den siebziger Jahren nach Deutschland, zunächst mit meinen Großeltern, die aber schon nach ein paar Jahren wieder in ihre Heimat nach Malkara zurückkehrten – eine Stadt mit rund 50 000 Einwohnern nahe der griechischen Grenze im europäischen Teil der Türkei. Das Ziel meiner Eltern war, wie bei so vielen Türken jener Zeit, hier ausreichend Geld zu verdienen, um baldmöglichst zurückzukehren, ein bescheidenes Häuschen in der Heimat zu kaufen und sich eine Existenz in der Türkei aufzubauen.

Sie suchten sich Zirndorf als vorübergehendes Zuhause aus, ein beschauliches Örtchen vor den Toren Nürnbergs, das bald bekannt werden sollte für den immer größer werdenden Spielwarenhersteller Playmobil, der hier 1974 gegründet worden war. Und weil es in Zirndorf dadurch zwar viele kleine Männchen, aber keine Klinik mit einer Geburtsstation gab, kam ich am 21. Juli 1978 eben in Nürnberg zur Welt – kurioserweise exakt vier Wochen nach der »Schande von Córdoba«, als die deutsche Nationalmannschaft ihr entscheidendes Spiel bei der WM in Argentinien mit 2:3 gegen Österreich verlor und aus dem Turnier ausschied.

Mein Vater Ali fand schnell eine Anstellung bei der berühmten AEG, die damals allerdings ihre Blütezeit bereits hinter sich hatte. Trotzdem waren im Nürnberger Werk noch ein paar Tausend Menschen damit beschäftigt, Waschmaschinen, Kühlschränke oder Elektroherde herzustellen. Zunächst arbeitete er als Maschineneinsteller, später fertigte er Kunststoffteile für verschiedene Geräte an. Gülsen, meine Mutter, fing in der Produktion bei Metz an, einem örtlichen Hersteller hochwertiger Fernseher, und wechselte später in die Kantine, wo sie als Reinigungskraft dafür sorgte, dass es dort immer aussah wie geleckt. Wenn ich sie dort besuchte und sah, mit welcher Akribie sie ihrem Job nachging und alles sauber hielt, während manche Menschen sie im besten Falle nicht einmal wahrnahmen, merkte ich zum ersten Mal in meinem Leben, dass ich es hasste, wenn man anderen nicht den nötigen Respekt entgegenbrachte. Noch heute macht es mich wütend, wenn jemand in einem Kaufhaus oder einem Restaurant grußlos oder ohne ein nettes Wort an einer Putzfrau vorbeiläuft. Das gehört sich einfach nicht.

* * *

Weil meine Eltern tagsüber und manchmal auch abends arbeiteten, wuchs ich in den ersten Jahren bei einer Tagesmutter auf, später ging ich in den Kindergarten. Zuhause war es bei uns immer ordentlich, aber sehr schlicht. Die Wohnung hatte nur zwei Zimmer, das Bad war winzig, und bis auf einen kleinen Fernseher ohne Fernbedienung gab es bei uns keinerlei Komfort.

»Es ist ja nur vorübergehend«, sagte mein Vater stets, um sich die räumliche Enge schönzureden. Gedanklich ackerte er vermutlich schon in seinem Gemüsegärtchen, das hinter unserem Haus in der Nähe von Malkara liegen würde und in dem neben vielen Schatten spendenden Obstbäumen auch Tomaten, Zwiebeln oder Paprika wachsen würden. Während ich durch die anderen Kinder, mit denen ich meine Wochentage verbrachte, schnell Deutsch lernte, wurde daheim vor allem türkisch gesprochen – obwohl meine Eltern im Vergleich zu vielen anderen Türken dieser Generation die neue Sprache recht passabel beherrschten. Trotzdem lag ihre Priorität auf der Arbeit: Sie versuchten, so fleißig zu sein wie irgendwie möglich – und alle Kraft darauf zu verwenden, möglichst viel Geld für später auf die Seite zu legen.

Kurz bevor ich eingeschult werden sollte, teilte mir meine Mutter mit, wieder schwanger zu sein. Ich freute mich auf ein Geschwisterchen, machte mir aber gleichzeitig Sorgen, wie wir zu viert in unserer kleinen Bude zurechtkommen würden. Es waren Gedanken, wie man sie sich als sechsjähriges Kind eben machte: Wo sollte ich künftig spielen, wenn noch ein Bettchen untergebracht werden musste? Wie sollte ich schlafen, wenn im selben Raum ein Baby schrie? Und wo würde ich meine Hausaufgaben machen können, wenn ich im Herbst in die erste Klasse ging? Meine Sorgen waren unbegründet, aber aus ganz anderen Gründen.

»Deniz, wir haben uns etwas überlegt«, sagte mein Vater eines Tages zu mir, kurz nachdem meine Schwester Pinar auf die Welt gekommen war. »Es ist hier zu klein für uns alle.«

Ich verstand erst nicht, worauf er hinauswollte. Dass es verdammt eng war, wusste ich schon. Vielleicht hatte er eine neue Wohnung gefunden, das wäre natürlich eine feine Sache gewesen.

»Du wirst zu deinen Großeltern gehen und kommst in Malkara in die Schule. Alles ist vorbereitet«, erklärte er mir, als sei es das Normalste der Welt, dass ein kleiner Junge, der in seinem Leben so gut wie nie etwas anderes gesehen hatte als die nähere Umgebung seines Heimatortes, nun über 2000 Kilometer entfernt von seinen Eltern in einem für ihn fremden Land aufwachsen sollte.

»Mach dir keine Sorgen«, sagte er sanft, nachdem er meine aufkommende Panik bemerkt hatte. »Du wirst es gut dort haben. Und wir kommen bald nach, sobald wir genug Geld haben. Dann sind wir wieder zusammen.«

* * *

Ich hatte keine Gelegenheit, mir viele Gedanken darüber zu machen, was mich in der Türkei erwarten würde. Es sollte bereits wenige Tage später losgehen. Meine Mutter blieb mit dem Baby in Deutschland, und als mein Vater und ich unten auf dem Parkplatz in unseren blauen Opel Kadett stiegen, der bis zum Dach mit meinen Sachen und etlichen Lebensmitteln, Seifen, Waschmitteln und anderen deutschen Produkten für Opa und Oma vollgestopft war, hätte es mir fast das Herz herausgerissen. Mama hatte Pinar auf dem Arm und Tränen in den Augen, als sie mir nachwinkte. Und ich wusste nicht, wann ich die beiden wiedersehen würde.

Wir fuhren über Österreich zuerst durch Jugoslawien, dann durch Bulgarien an Sofia vorbei, bis wir schließlich die griechisch-türkische Grenzregion erreichten, die praktisch nur aus Wäldern und Hügeln bestand. Die Fahrt dauerte eineinhalb Tage. Spätestens ab Belgrad waren die Straßen in einem furchterregenden Zustand, und es war ein kleines Wunder, dass der alte Opel diesen Höllenritt, den wir in den Jahren zuvor schon ein paarmal hinter uns gebracht hatten, auch dieses Mal durchhielt.

Während der Fahrt redeten wir nicht viel. Mein Vater war ohnehin kein Mann großer Worte. Er versuchte zwar, mich immer wieder zu beruhigen, aber ganz gelang ihm das nicht. Ich hatte viel zu große Angst vor dem, was mich erwartete. Auch wenn ich Opa Ismet und Oma Elif sehr gerne mochte und wir sie zuvor schon mehrmals besucht hatten, war die Sache jetzt nicht mehr nur ein kleines Ferienabenteuer. Es war die absolute Reise ins Unbekannte – damals, vor fast 40 Jahren, als man noch keinerlei Möglichkeit hatte, über SMS oder Whatsapp Kontakt zu halten oder sich vorab im Internet über alles Mögliche zu informieren, was einen dort erwarten könnte oder wie etwa der Schultag an einer türkischen Grundschule aussehen würde.

Aufgrund meiner bisherigen Besuche wusste ich nur, dass meine Großeltern unter der Woche ebenfalls in einer kleinen Wohnung in einem schmucklosen Hochhaus in Malkara lebten und an den Wochenenden regelmäßig ein paar Kilometer weiter aus der Stadt hinaus nach Saripolat fuhren, einem von kleineren Bergen umgebenen Dorf mit vielleicht 200 Einwohnern, in dem sich einige bescheidene Häuser um das Minarett der örtlichen Moschee gruppierten. Von dort stammten sie, und auch mein Vater war hier aufgewachsen. In Saripolat besaß unsere Familie noch immer eine Art Bauernhaus auf einem großen Grundstück. Ich fühlte mich dort stets wohl, weil dieser Flecken Erde am Ende der Welt mit seinen Schotterstraßen und der unberührten Natur ringsherum einen echten Gegensatz zum ordentlich strukturierten Vorstadtleben in Zirndorf darstellte. Dass ich jedoch dort meine weitere Kindheit verbringen sollte, hatte ich nicht auf dem Schirm. Jetzt aber lieferte mich mein Vater hier ab und blieb nur eine einzige Nacht, bevor er nach Deutschland zurückfuhr, weil er wieder arbeiten musste. Das war schon heftig.

»Mach's gut, mein Junge«, sagte er und drückte mich fest an sich, als er in den Kadett stieg, der auf der nicht asphaltierten Straße langsam in einer großen Staubwolke verschwand. Meine Großmutter schüttete dem Wagen noch einen halben Eimer Wasser hinterher; das war ein türkischer Brauch, der symbolisierte, dass der Weg des Reisenden wie das fließende Wasser einfach und ohne Hindernisse verlaufen sollte.

»Tez git, tez gel«, sagte sie – »Fahre schnell und komme schnell wieder zurück«. Ich wusste jedoch, dass das mit dem schnellen Zurückkommen nicht klappen würde. Hier war ich nun, in einer komplett anderen Welt, die ich nicht gut kannte und die ich vor allem nicht einschätzen konnte, ohne meine Eltern und mit einer ungewissen Zukunft vor Augen. Ich weiß es nicht mehr genau, aber ich bin mir ziemlich sicher, dass ich die ganze Nacht geweint habe.

Noch heute sind mir Abschiede aller Art ein Gräuel, und ich habe dabei jedes Mal Omas verbeulten Blecheimer vor Augen und das Wasser, das sich seinen Weg durch den Staub bahnte. Selbst wenn wir Jahrzehnte später unseren Familienhund Ebby für die Zeit der Ferien in der Tierpension abgaben, spürte ich ein beklemmendes Gefühl, das erst wieder verging, wenn alles wieder im Lot war.

* * *

Opa Ismet war eine beeindruckende Erscheinung. Er war sehr groß, hatte riesige Hände, markante Ohren und pechschwarze Haare. Wenn er in einen Raum hineinging, herrschte sofort Ruhe – aber nicht, weil man Angst vor ihm zu haben brauchte, sondern weil er diesen natürlichen Respekt ausstrahlte, den man sich nicht anlernen konnte. Er war streng, aber gerecht und nie aufbrausend. Im Grunde genommen wäre er mit seiner Präsenz und seiner Strahlkraft der perfekte Schiedsrichter gewesen. Oma Elif hingegen war die Güte in Person. Ihr Leben drehte sich ausschließlich um die Familie, und eigentlich kochte sie den ganzen Tag. Ich fragte mich immer, wer das alles essen sollte, was sie von früh bis abends in ihrer kleinen Küche zubereitete. Sie versuchte mit ihrer Liebe so gut es ging, meine Eltern zu ersetzen, aber das funktionierte natürlich nicht immer.

Allein den Kontakt nach Deutschland zu halten war eine echte Herausforderung. Erstaunlicherweise besaßen meine Großeltern nicht nur einen Fernseher, sondern zumindest in der Wohnung in Malkara auch ein Telefon, was beides keinesfalls selbstverständlich war. Allerdings kostete ein Ferngespräch Unsummen, sodass man sich schon allein aus Kostengründen nicht gegenseitig alle paar Tage erzählen konnte, was man auf dem Herzen hatte. Jeder der seltenen Anrufe musste sich auf das Allernötigste beschränken, weil sonst mein Großvater beim Anblick der Rechnung vermutlich einen Herzinfarkt bekommen hätte. So erfuhr ich lediglich kurz und knapp, wie es ihnen und der kleinen Pinar ging – und erzählte meinen Eltern im Gegenzug so schnell wie möglich von meinem ersten Schultag, den ich recht komisch fand.

Es fing damit an, dass ich wie alle anderen Schüler offiziell eingekleidet wurde. Es war Pflicht, ab der ersten Klasse eine Uniform zu tragen: blaue Hemden mit einem aufgestickten, bunten Logo, großen Seitentaschen und einem weißen Kragen, mit dem wir ein bisschen aussahen wie ein aus der Zeit gefallener Kinderchor. Nachdem wir einheitlich angezogen im Klassenzimmer saßen und auf den Unterrichtsbeginn warteten, flog die Tür auf, und alle Mitschüler erhoben sich rasch von ihren Stühlen, als der Lehrer den Raum betrat. Danach ertönte vom Band die türkische Nationalhymne, die es mitzusingen galt, und neben der Tafel hing ein Foto von Atatürk an der Wand. Ich hatte keine Ahnung, wie das alles im Vergleich zu der Grundschule in Zirndorf ablief. Doch ich konnte mir - nach allem, was ich im Kindergarten mitbekommen hatte - beim besten Willen nicht vorstellen, dass man dort ebenfalls eine gewischt bekam oder einem vor aller Augen mit dem Lineal auf die Hand geschlagen wurde, wenn man nicht spurte. Hier konnte das allerdings schnell mal passieren, und die Liste der zu sanktionierenden Vergehen war recht lang. Zu meinem Leidwesen gehörte das Fußballspielen auf dem Schulhof ebenfalls dazu.

Auch wenn ich mich in den ersten Wochen noch schwertat, Anschluss zu finden und von dem einen oder anderen Mitschüler zunächst als »der Deutsche« angesehen wurde, klappte die Integration erstaunlich gut. Es gab noch einige andere Gastarbeiterkinder in der Klasse, die ebenfalls von ihren in Deutschland lebenden Eltern in der Türkei »geparkt« wurden, sodass ich mich mit meinem Schicksal nicht völlig allein fühlte. Außerdem war ich ein guter Schüler. Wenn ich in Türkisch oder Mathe ausnahmsweise nicht weiterkam, setzte sich mein Großvater am Spätnachmittag nach dem Sportunterricht gemeinsam mit mir an den Wohnzimmertisch und wir übten die Aufgaben so lange, bis ich sie beherrschte.

* * *

Nach einigen Wochen hatte ich erste Kontakte zu anderen Kindern geknüpft, was halbwegs einfach war, da wir jede freie Minute gemeinsam draußen verbrachten. Wir waren stets eine Menge Jungs, kickten mit alten Bällen ausnahmsweise auf dem asphaltierten Platz des Schulhofs und schossen ansonsten auf selbst gebastelte Tore, oder wir spielten Verstecken in den engen Gassen der Stadt oder kletterten auf Bäumen und Mauern herum. Es war im Grunde ein unbeschwertes, fröhliches Kinderleben. Nur abends fühlte ich oft eine große Traurigkeit, die dazu führte, dass ich mich regelmäßig in den Schlaf weinte. Mir war klar, dass ich meine Eltern monatelang nicht wiedersehen konnte. Und wenn sie denn mal für ein paar Wochen im Sommer zu Besuch kamen, zusammen mit meiner kleinen Schwester, auf die ich mich sehr freute, und mit einem Koffer voller Schokolade im Gepäck, dann hatte ich schon am ersten Tag Angst vor dem Moment, in dem der blaue Opel wieder im Staub verschwinden und das Wasser aus dem Eimer durch die Kieselsteine auf der Straße fließen würde.

Dafür konnte ich die Wochenenden kaum erwarten, an denen wir wieder nach Saripolat fuhren, wo die Umgebung noch viel aufregender war als in der Stadt. Im Dorf lebte auch Seçkin, ein gleichaltriger Junge, mit dem ich mich auf Anhieb verstand. Obwohl er noch so jung war, musste er zu Hause bereits mit anpacken wie ein Großer: den Stall ausmisten, die Kühe zur Wasserstelle führen oder die Ziegen auf der Weide einfangen. Seçkins Familie besaß zwei große Wachhunde, die auf das Gehöft und seine Bewohner aufpassten und denen ich nicht zu nahekommen wollte. Da es in ganz Saripolat jedoch kein Telefon gab, musste ich ihn schon aus einigen Hundert Metern Entfernung rufen, damit er die Hunde ankettete, wenn ich den Weg zum Haus entlanglief. Eine Pfeife hatte ich damals leider noch nicht.

Seçkin und ich trieben jede Menge Unsinn. Wir bastelten uns aus kleinen Astgabeln und alten Gummibändern Steinschleudern und machten Jagd auf Wildtauben. Ich traf nie irgendeinen Vogel, aber er landete ab und zu einen Treffer. Dann nahm seine Mutter die Taube fachgerecht aus und grillte sie für uns auf einer Feuerstelle. An anderen Tagen gingen wir angeln, und auch hier lachte sich Seçkin über meine unbeholfenen Versuche, einen Fisch aus dem Bach zu ziehen, kaputt. Nicht einmal das Jagdgewehr meines Opas, das er uns irgendwann einmal auslieh, konnte ich richtig bedienen. Für meinen Freund war ich nicht nur der Deutsche, sondern zugleich ein unverbesserlicher Stadtmensch, der hier auf dem Land gänzlich aufgeschmissen war, und vermutlich hatte er damit recht. Doch die Ursprünglichkeit dieses Ortes gefiel mir, und wenn wir sonntagabends nach Malkara zurückfuhren, konnte ich es kaum erwarten, wieder hier zu sein.

* * *

»Guck mal, hier ist ein Brief von deinen Eltern«, sagte Oma Elif eines Tages zu mir und überreichte mir einen kleinen Umschlag.

Mittlerweile besuchte ich die vierte Klasse, hatte mich mit den Umständen gut arrangiert und mein Leben entsprechend strukturiert. In der Schule lief es prima, meine Zeugnisse bestanden fast nur aus Einsen. Mit ein paar Kindern aus meiner Schule und der Nachbarschaft hatte ich enge Freundschaften geschlossen, von denen die mit Seçkin die intensivste war. Die Wochenenden mit ihm waren jedes Mal große Abenteuer, und ich fühlte mich nach nunmehr gut vier Jahren in der Türkei mehr und mehr heimisch. Klar, ich vermisste Mama, Papa und vor allem Pinar mit jedem Mal mehr, nachdem sie wieder zurück nach Deutschland gefahren waren. Aber ich ging fest davon aus, dass es sich nur noch um ein oder zwei Jahre handeln konnte, bis sie alle endlich nachkamen und wir gemeinsam als Familie in Malkara eine neue Existenz aufbauten. Das war schließlich immer der Plan gewesen. Mit diesem Bewusstsein hatte ich die ganze Zeit durchgehalten, also öffnete ich den Brief, ohne im Entferntesten zu ahnen, was mir bevorstehen sollte.

»Wir werden dich wieder zu uns zurückholen«, schrieb mein Vater, ohne dass er vorher auch nur ein Wort andeutungsweise zu mir gesagt hatte. Ich war fassungslos, dass er seine ursprüngliche Absicht, mit den Ersparnissen hier ein Haus zu kaufen, offenbar über Bord geworfen und stattdessen für mich schon alle weiteren Schritte durchgetaktet hatte: Er teilte mir mit, dass in Deutschland der Umzug in eine größere Wohnung unmittelbar bevorstand, ich dort ein eigenes Zimmer inklusive eines Computers bekommen sollte und er mich außerdem in der Grundschule sowie beim örtlichen Fußballverein angemeldet hatte. Für mich war diese Nachricht ein noch viel größerer Schock als seinerzeit die Ankündigung, zu meinen Großeltern zu ziehen. Ich war zehn und reflektierte nun viel stärker das, was um mich herum passierte. Heute bin ich mir sicher, dass es meine Eltern nur gut mit mir meinten und sich über die Auswirkungen ihres überraschenden Sinneswandels keine Gedanken machten. Damals aber fand ich ihre Entscheidung extrem krass.

Offenbar hatten sie zuvor auch meine Großeltern nicht in ihre Absicht eingeweiht. Nachdem ich den Brief an Opa Ismet weitergereicht hatte und er ihn sich still durchlas, sah ich, wie dieser Baum von Mann, den nichts umhauen konnte, ganz blass wurde. Er musste sich setzen und sagte erst einmal gar nichts mehr. Noch beim Abendessen wirkte er sehr betrübt und in sich gekehrt. Als ich später in meinem Bett lag, hörte ich, wie er sich mit Oma Elif im Wohnzimmer darüber unterhielt, wie wenig Verständnis er für das Vorhaben seines Sohnes hatte. Obwohl sie selbst noch weitere Kinder und folglich etliche andere Enkel hatten, war ich meinen Großeltern durch unser enges Zusammenleben besonders ans Herz gewachsen. Umgekehrt empfand ich das genauso. Anders als vier Jahre zuvor hatte ich jetzt zwar keine Angst, erneut alles stehen und liegen lassen zu müssen, aber ich war wütend.

Schon zwei Wochen später war es so weit. Mein Vater war allein gekommen, um mich in Malkara abzuholen. Opa und Papa redeten nicht viel miteinander, und auch meine Oma brachte kaum ein Wort heraus.

»Mach's gut, Deniz. Du kommst uns sicher bald besuchen«, sagte Opa leise zu mir, mehr um sich selbst zu trösten.

Er umarmte mich, so fest er konnte. Als ich in sein Gesicht sah, bemerkte ich die Tränen, die ihm über die Wangen liefen. Bis heute kann ich mich an keinen anderen

Moment erinnern, an dem dieser große, stolze und starke Mann weinte – nicht einmal nach dem schweren Eingriff im Krankenhaus, bei dem ihm kieselgroße Nierensteine entfernt werden mussten. Nun aber stand er da und konnte seine Gefühle nicht mehr kontrollieren. Natürlich heulte ich auch. Als kurz darauf der blaue Opel diesmal mit mir auf der Rückbank die staubige Straße in Richtung Ortsausgang fuhr, sah ich durch die Heckscheibe, wie sich meine Großeltern auf dem Gehweg umarmten, nachdem sie den obligatorischen Eimer hinter uns ausgeschüttet hatten.

»Tez git, tez gel«, rief Oma noch und winkte. Es war ein Anblick, den ich nicht mehr vergessen sollte. Ich glaube, ich war noch nie in meinem Leben derart traurig wie in diesem Moment.

Fußball, Freundschaften und Schätze aus Telefonzellen: Meine Kindheit in der Kleinstadt

Unsere neue Wohnung befand sich direkt gegenüber der alten. Es ging noch immer sehr eng bei uns zu, unsere Küche beispielsweise war so winzig, dass man sich darin kaum zu mehreren aufhalten konnte. Auch ansonsten blieb alles recht spartanisch und war nicht annähernd so gemütlich wie das mit Krimskrams vollgestopfte Zuhause von Oma und Opa. Aber mein Vater hatte Wort gehalten: Ich bekam, wie Pinar auch, ein eigenes kleines Zimmer und tatsächlich einen echten Computer. Zeit, mich darüber zu freuen, hatte ich allerdings keine. Schon kurz darauf stand mein erster Schultag an: an der Zirndorfer Grundschule I, gleich neben meinem alten Kindergarten.

Als ich mit meiner Mutter an meinem ersten Tag um Viertel vor acht Uhr dort ankam, war ich beeindruckt: Die beiden modernen, weißen Gebäude rahmten einen riesigen Schulhof ein, auf dem ein Fahrradübungsparcours aufgezeichnet war, mit richtigen kleinen Straßen und Schildern. Das Gelände war hell und großzügig angelegt, und an den Fenstern hingen jede Menge bunte Bilder. Niemand hier trug Einheitskleidung, sondern das, was einem gerade gefiel: Turnschuhe, Sweatshirts mit Markenlogos, die damals schwer angesagten Tennishemden oder kunterbunte Hosen. Wir meldeten uns im Sekretariat, anschließend führte uns eine nette ältere Dame zum

Klassenraum. Dort drückte mir meine Mutter noch einen Kuss auf die Stirn und verabschiedete sich. Ich bekam von der Sekretärin meinen Platz hinten im Raum gezeigt und setzte mich etwas unsicher hin, während sich um mich herum alle durcheinander unterhielten oder noch schnell Hausaufgaben abschrieben. Obwohl ich in Malkara vor dem Übergang in die fünfte Jahrgangsstufe gewesen wäre, befand ich mich nun in einer dritten Klasse, in die ich mitten im Schuljahr zurückversetzt wurde, weil weder meine Eltern noch die Schulleitung einschätzen konnten, wie mein genauer Leistungsstand ausfallen würde.

Als unser Lehrer kurz nach dem Gong zur Tür hereinkam, sprang ich auf, wie ich es aus der Türkei gewohnt war. Nach ein, zwei Sekunden der Stille brach um mich herum großes Gelächter aus. Ich begriff erst nicht, was los war, bis ich bemerkte, dass außer mir kein einziges anderes Kind stand. Es schien hier offenbar nicht üblich zu sein, auf diese Weise Respekt vor den Lehrkräften zu bekunden.

»Guten Morgen. Du bist also Deniz«, begrüßte mich der Mann schmunzelnd. »Es ist bei uns nicht nötig, dass du aufstehst«, sagte er und wandte sich an den Rest. »Kinder, das ist euer neuer Mitschüler, Deniz aus der Türkei. Seid nett zu ihm und erklärt ihm alles, was er wissen möchte.«

Ich lief knallrot an und setzte mich wieder auf meine Bank, in der ich – anders als die anderen – ganz allein saß. Einige Minuten später holte ein Junge, der eine Reihe vor mir saß, aus seiner Büchertasche einen Apfel und begann, ihn zu essen. Das kannst du doch nicht machen, dachte ich entsetzt und war gespannt, welche Sanktionen es nun für ihn geben würde. Doch es passierte nichts. Ich wunderte mich, denn in Malkara hätte es für eine solche Disziplinlosigkeit mindestens ein paar Hiebe mit dem

Lineal auf die Finger gegeben. Aber nun gut, mit dieser Art der Veränderung würde ich bestimmt zurechtkommen.

* * *

Zu Hause verstand ich mich erstaunlich gut mit meiner Schwester, die in den Kindergarten neben meiner Schule ging. Sie war inzwischen fast fünf Jahre alt und kannte mich im Prinzip nur aus den kurzen Urlauben, die meine Eltern mit ihr bei uns in der Türkei verbracht hatten. Dennoch herrschte zwischen Pinar und mir von Beginn an keinerlei Distanz, sondern eine große Vertrautheit, die ich mir nicht recht erklären konnte. Natürlich ging sie mir manchmal auf die Nerven, wie wahrscheinlich jedes kleinere Geschwisterkind dem Größeren. Aber wir hatten nie irgendein Konkurrenzverhältnis zueinander, und noch immer ist sie der erste Mensch, den ich anrufe, wenn irgendetwas Berichtenswertes in meinem Leben passiert, positiv wie negativ. Ich begann mich um sie zu kümmern, wenn unsere Eltern wegen der vielen Arbeit keine Zeit für sie hatten, und nahm meine neue Rolle als großer Bruder gerne an.

Dafür machte ich mir schon nach den ersten paar Tagen große Sorgen, wie ich hier auf Dauer Fuß fassen würde. Der Stoff der dritten Klasse an sich war kein Problem. In Mathe zum Beispiel war ich viel weiter als meine Schulkameraden und langweilte mich in den Stunden, in denen es noch um die Grundrechenarten ging. Eine viel größere Herausforderung jedoch waren die anderen Fächer, die nichts mit Zahlen zu tun hatten. Ich stellte schnell fest, dass ich die deutsche Sprache nicht mehr wirklich gut beherrschte. Das war klar, denn in den vergangenen vier

Jahren hatte ich so gut wie nie Deutsch gesprochen und war ohnehin davon ausgegangen, dass ich es kaum noch brauchte. Jetzt kapierte ich nicht mehr alles, was uns die Lehrer vorne an der Tafel erklärten, und jedes kurze Diktat stellte für mich eine mittlere Katastrophe dar. Während ich in meiner alten Schule nach kurzen Startschwierigkeiten in relativ kurzer Zeit zum anerkannten und beliebten Mitschüler geworden war, fühlte ich mich in diesem Kreis als Fremdkörper – nicht mal so sehr, weil ich hier der »Ausländer« war, sondern vor allem, weil ich die anderen nicht mehr gut verstand.

In der Klasse gab es zwar zwei oder drei weitere Kinder, die ebenfalls einen Migrationshintergrund hatten. Aber auch eine Gruppe von Jungen, deren Väter zum Establishment im Ort gehörten und die es gerne heraushingen ließen, die Anführer zu spielen. Peter, dessen Eltern einen Installationsbetrieb besaßen, betrachtete mich besonders argwöhnisch. Er hatte die Angewohnheit, in unbeobachteten Momenten einen kleinen Gummiball nach mir zu werfen. Peter hatte seine Wurftechnik derart perfektioniert, dass der Ball, nachdem er mich getroffen hatte, genau zu ihm zurücksprang, sodass er entweder das Spielchen wiederholen oder das Ding unbemerkt vom Lehrer verschwinden lassen konnte. Das ging die ersten paar Wochen so, und mir wurde schmerzhaft bewusst, dass ich mich gehörig anstrengen musste, wenn ich irgendwann dazugehören wollte. Und das wollte ich unbedingt, denn so wie es aussah, war der Plan meiner Eltern, in der Türkei zu leben, in weite Ferne gerückt.

Der Beginn der vierten Klasse einige Zeit später machte die Sache noch komplizierter. Es ging nun darum, am Ende des Schuljahres auf eine weiterführende Schule zu wechseln. Nur mit einer guten Mathematiknote allein jedoch würde ich das kaum schaffen, und selbst in meiner Paradedisziplin geriet ich ins Schwimmen, wenn ich eine Textaufgabe zu lösen hatte. Wenigstens konnte ich meine Schwächen hier durch meinen Wissensvorsprung ausgleichen – in Deutsch oder Heimatkunde aber war das nicht möglich. Da meine Eltern ihrerseits nach wie vor Probleme mit der deutschen Sprache hatten und dadurch nicht in der Lage waren, mir schulisch zu helfen und jede Form der professionellen Nachhilfe aus finanziellen Gründen nicht drin war, blieb mir nichts anderes übrig, als selbst Vollgas zu geben, um einigermaßen durchzukommen. Meine einzige Chance war Disziplin – und Einfallsreichtum. Und so kam es, dass ich einem Jungen aus der Nachbarschaft regelmäßig ein paar Mathe-Kniffe beibrachte, um mir von ihm in jenen Fächern helfen zu lassen, in denen ich allein nicht weiterkam: Wir tauschten gewissermaßen unser Wissen aus. Das kostete zwar jede Menge Kraft – meistens stand ich schon um sechs Uhr morgens auf und lernte eineinhalb Stunden, bevor ich zum Unterricht ging, und marschierte an den Nachmittagen zu meinem Lernkumpel, um alles zu vertiefen. Doch es führte dazu, dass ich nach dem Ende der Grundschule zunächst auf die Hauptschule und ein Jahr später auf die Realschule wechseln konnte. Das war auf jeden Fall ein Anfang.

* * *

Mit meiner Rückkehr nach Deutschland hatte mich mein Vater wie angekündigt beim örtlichen Fußballverein angemeldet – dem ASV Zirndorf. Es war kurios: Obwohl er selbst nicht besonders gut in die Ortsgemeinschaft integriert war, war es ihm offenbar ein großes Anliegen, dass ich schnell Anschluss an die anderen Kinder und Jugendlichen aus der Umgebung fand. Er war der Meinung, dass sich zu diesem Zweck der Fußball hervorragend eignete. Als ich mit meinen Discounter-Stollenschuhen und einem dicken Kloß im Hals zu meinem allerersten Training aufschlug, traf ich zu meiner großen Überraschung auf eine bunt gemischte Truppe, die da beim ASV in der C-Jugend zusammen kickte: Neben mir spielten dort noch einige andere türkischstämmige Jungs, dazu ein paar Italiener und ein Rumäne. Von Anfang an spürte ich, dass es in unserer Mannschaft egal war, woher man stammte und welchen Status man besaß – von den Schuhen einmal abgesehen, für die ich hin und wieder ausgelacht wurde, weil sie nicht von Adidas oder Puma waren. Was hier zählte, war vor allem der Einsatz auf dem Platz. Wenn ich also beim Fußball anerkannt werden wollte, musste ich Leistung erbringen.

Wir trainierten zweimal pro Woche, und schnell schloss ich Freundschaft mit Marcus, unserem Mittelstürmer. Er war körperlich deutlich robuster als ich und überaus talentiert. Und er war ein feiner Kerl, der nie mitgelästert hatte, wenn ich mit meinen Billigtretern auflief, während die anderen mit ihren schicken »Copa Mundial«- oder »King«-Modellen ankamen, wie sie Lothar Matthäus, Guido Buchwald, Rudi Völler oder Pierre Littbarski trugen, die damals die großen Stars der deutschen Nationalmannschaft waren. Meine Mitspieler wurden meistens von ihren Vätern oder Müttern zum Training und zu den Spielen chauffiert, ich hingegen machte mich bei Wind und Wetter mit dem Fahrrad auf den Weg zum ASV-Gelände.

Das machte mir nichts aus, und zu den Auswärtsspielen wurde ich sowieso von Marcus' Papa mitgenommen.

Das Einzige, das mich etwas traurig stimmte, war die Tatsache, dass meine Eltern sehr, sehr selten ein Spiel meiner Mannschaft besuchten, in der ich als Verteidiger Gegentore verhindern sollte. Zumindest lernte ich durch diese notgedrungene Eigenverantwortung, stets pünktlich zu sein – sogar in der C-Jugend galt Zuspätkommen als Todsünde, die umgehend durch den Trainer gemaßregelt werden musste. Allerdings war Pünktlichkeit auch für meinen Vater eine nicht verhandelbare Tugend: Lieber wartete er stundenlang am Flughafen auf seine Maschine, als dass er die Zeit anderweitig nutzte, um dann kurz vor knapp das Flugzeug zu erwischen.

* * *

Der Fußball wurde schnell zu einer Leidenschaft, die über einen reinen Zeitvertreib hinausging. Ich nahm es ernst, gewissenhaft zu trainieren, um anschließend gegen Roth, Stadeln oder Frankonia Nürnberg um Punkte spielen zu können. Ich freute mich, wenn wir gemeinsam gewannen und ärgerte mich über Niederlagen – umso mehr, wenn ich einen Fehler gemacht hatte. Neben Marcus wurden Dario und Francesco meine engsten Freunde, zwei Italiener, die ebenfalls in unserem Team spielten. Wir verstanden uns nahezu blind und unternahmen fast alles gemeinsam, so wie Seçkin und ich es in der Türkei getan hatten. Ich dachte noch sehr oft an ihn und versuchte so gut es ging, den Kontakt zu halten, was seinerzeit vorwiegend über Briefe funktionierte, weil das Telefonieren noch immer viel zu teuer gewesen wäre bei Minutenpreisen von fünf Mark und mehr. Aber ich war froh, durch den Fußball nun auch Freunde in Deutschland gefunden zu haben, wenn es schon in der Schule so schwierig war.

Francesco besaß eine »Atari 2600«-Konsole, auf der wir nach dem Training häufig »Pac-Man«, »Asteroids« oder »Space Invaders« daddelten. Beim Versandhaus Quelle, das wenige Kilometer von uns entfernt in Nürnberg seinen Hauptsitz samt angeschlossenem Kaufhaus hatte, gab es die neuesten Module, die man vor Ort ausprobieren konnte, bevor sie auf Francescos Wunschzettel landeten. Es gab sogar ein kurioses Spiel namens »Pelé's Soccer«, bei dem elf rote gegen elf blaue Punkte antraten, aber Fußball spielten wir dann doch lieber selbst. Heute würde man wahrscheinlich sagen, dass wir den ganzen Tag nach der Schule zusammen abhingen, damals aber gingen wir gemeinsam durch dick und dünn und teilten uns sogar das Essen: In Zirndorf hatte gerade »Cosmo's Pizza« eröffnet, eine winzige Bude, die von einem lustigen Italiener namens Gabriele Cosmo geführt wurde, der immer viel zu erzählen hatte. Eine Pizza bei »Cosmo's« gab es ab drei oder vier Mark, doch selbst dieser Betrag war für uns viel Geld. Allerdings hatte Dario eine spitzenmäßige Einnahmequelle entdeckt:

»Leute, wisst ihr eigentlich, wie viele Menschen ihr Restgeld in Telefonzellen verlieren?«, fragte er uns eines Tages und präsentierte uns voller Stolz eine Hand voller Groschen, die er mithilfe eines Magneten und anderer Hilfsmittel aus dem schmalen Schlitz gefischt hatte, der sich zwischen Zellenwand und Boden befand. Dorthin kullerten die Münzen häufig, wenn man nach dem Auflegen noch Guthaben zurückbekam und beim Öffnen der Rückgabeschale unten am Fernsprecher einen Augenblick nicht aufpasste. Und tatsächlich: Fast in jeder Zelle klemmten ein paar Zehn- oder Fünfzig-Pfennig-Stücke und manchmal sogar eine ganze Mark im Spalt fest, die man mit bloßer Hand nicht mehr herausbekam. Nach dieser sensationellen Erkenntnis radelten wir fortan die Umgebung ab und durchsuchten sämtliche Telefonhäuschen im gesamten Umkreis.

Wenn wir – manchmal nach zwei oder drei Stunden, manchmal auch erst nach einigen Tagen der Suche – genug Kleingeld zusammenhatten, brachten wir es umgehend zu Signore Cosmo, der unseren Schatz gestenreich und lamentierend entgegennahm. Er jammerte jedes Mal, dass er mit dem ganzen *spiccioli* [dt. Kleingeld] nichts anfangen könne und freute sich trotzdem, uns Jungs zu sehen. Übrigens gibt es den Laden immer noch, nur dass es inzwischen keine kleine Bude mehr ist, sondern ein richtiges *ristorante*, und wann immer ich dort zum Essen vorbeischaue, muss ich daran denken, wie wir uns damals zu dritt eine Pizza teilten, die wir mit einem Pfund Münzen bezahlten.

* * *

Im Fußballverein kam ich derweil das erste Mal in meinem Leben mit einem Schiedsrichter in Berührung. Meistens pfiff der Vater eines der beteiligten Jungs die Partien, was oft nicht völlig konfliktfrei ablief und bei mir viele Jahre später genauso war, als ich bei den Spielen meines Sohnes bisweilen der eindeutig Schuldige für die gerade erlittene Niederlage war, FIFA-Plakette hin oder her. Aber man konnte es in solchen Situationen nur verkehrt machen, weil man entweder besonders streng oder besonders nachlässig entschied. Bei den eigenen Kindern unparteiisch zu bleiben ist verdammt schwer.

Da ich, wie gesagt, auf der Verteidigerposition eingesetzt wurde, gab es naturgemäß praktisch in jedem Match einige Szenen, die ich anders bewertete als jener bemitleidenswerte Erwachsene, der meine Aktion gerade abgepfiffen hatte. Ich hatte in der Türkei nur selten mit Opa zusammen ein Spiel im Fernsehen geschaut und kannte die Regeln nicht genau. Auch unser Trainer ließ uns lieber am Kleinfeld aufs Tor schießen oder Eckbälle üben, anstatt uns in Regelkunde zu unterrichten. Deshalb fragte ich praktisch jedes Mal nach, was denn genau die Grundlage für den Pfiff darstellte.

Ich ging den Leuten damit wohl ordentlich auf den Wecker. Immerhin erklärten mir die meisten Hobby-Schiris mehr oder weniger geduldig, was der Unterschied zwischen angelegtem Arm und absichtlichem Handspiel war, warum ich soeben die Abseitsstellung aufgehoben hatte und was bei meinem falschen Einwurf nicht regelkonform ausgeführt wurde. Es interessierte mich, wie dieses spannende Spiel funktionierte – und damit meinte ich weniger die Taktik, einstudierte Freistoßvarianten oder das Umschaltverhalten einer Mannschaft. Es war eher das organisatorische und strukturelle Drumherum, das dem großen Ganzen einen offiziellen Rahmen gab und bei dem beispielsweise das komplexe Thema »Foul« nur einen kleinen Teilbereich des rund 120-seitigen Regelwerks ausmachte. Je mehr ich über Fußball erfuhr, desto mehr faszinierte mich das alles. In den folgenden Jahren durchlief ich die verschiedenen Jugendmannschaften und hatte zusammen mit Marcus, Dario und Francesco Spaß am Kicken. Die Sache mit den Regeln aber ließ mich nicht los, und irgendwann schien meine für einen Nachwuchsspieler offenbar recht ungewöhnliche Neugier aufzufallen.

Madders' großer Traum: Von einem, der immer an mich glaubte

Der Zufall wollte es, dass Manfred Dölfel zu meinem ASV gehörte und zugleich als Obmann für die Schiedsrichtergruppe Zirndorf fungierte. Der Mann war bei uns allen eine Legende, denn er hatte in der Saison 1977/78 für ein Jahr in der Bundesliga gepfiffen. Jeder wusste, dass Manfred, der früher ein begnadeter Fußballer war und es als Aktiver bis in die höchste Amateurklasse geschafft hatte, ganz oben dabei sein durfte und 1977 das geschichtsträchtige 7:2 des 1. FC Köln gegen Werder Bremen geleitet hatte, in dem der Kölner Stürmer Dieter Müller sagenhafte sechs Tore erzielte – bis heute übrigens ein einmaliger Rekord, den nicht einmal Robert Lewandowski oder Erling Haaland zu knacken vermochten. Und Manfred – oder Madders, wie wir ihn nannten – war mittendrin gewesen.

»Sag mal, willst du das nicht auch mal ausprobieren?«, fragte er mich eines Tages. »Wir haben nächste Woche einen Schiedsrichterlehrgang, da kannst du doch mal hineinschnuppern.«

Ich war überrascht und mir trotz meines grundsätzlichen Interesses nicht sicher, ob ich noch mehr Zeit außerhalb der Realschule für den Fußball opfern wollte.

»Mensch Deniz, da machen wir auf jeden Fall mit. Das wird doch total spannend«, sagte Marcus zu mir, den Manfred Dölfel ebenfalls angesprochen hatte. Wenn Marcus mitmachte, konnte ich nicht Nein sagen. Madders besaß ohnehin seit Jahren den Ehrgeiz, jemanden aus seiner Schiedsrichtergruppe so aufzubauen, damit der in seine Fußstapfen treten und selbst eines fernen Tages in der 1. Liga auflaufen konnte. Bislang aber fand er anscheinend kein Nachwuchstalent, das seinen hohen Ansprüchen genügte.

»Einen von euch bringe ich eines Tages da hoch«, pflegte er zu uns zu sagen, und er meinte das wirklich ernst.

Marcus und ich sagten zu.

* * *

Die Kurse mit rund 20 Teilnehmern wurden in unterschiedlichen Klubheimen abgehalten. Unser Kurs fand in einem kleinen Nürnberger Sportverein statt, an fünf aufeinanderfolgenden Abenden. Vorne an der Tafel stand ein Lehrwart, der uns die Fußballregeln von Grund auf erklärte. Ich staunte, was alles an vermeintlichen Selbstverständlichkeiten in den Katalogen des DFB niedergeschrieben war. Aber logisch, auch das musste geklärt sein: »Das Spielfeld muss aus Naturrasen oder ausnahmsweise aus Kunstrasen bestehen, dieser muss aber grün sein. Es ist durch eine Mittellinie in zwei Hälften geteilt, die die beiden Seitenlinien jeweils in der Mitte verbindet«, hieß es da. Oder: »In der Mitte der Mittellinie befindet sich der Anstoßpunkt. Um ihn herum befindet sich der Anstoßkreis mit einem Radius von 9,15 Metern.« Und so ging es munter weiter.

Die Beschaffenheit des Balles (muss kugelförmig sein), die Richtlinien hinsichtlich der Ausrüstung (die Farben der Trikots beider Mannschaften müssen sich unterscheiden, es ist eine kurze Hose zu tragen), die Anzahl der Spieler (mindestens sieben, höchstens elf) – all das mussten wir erst einmal lernen und verinnerlichen, um uns anschließend mit den Feinheiten beschäftigen zu können. So banal sich manches vielleicht anhören mochte, wenn man selbst seit Jahren Fußball spielte, so sehr interessierten mich all diese Zusammenhänge, die dem Sport seine Ordnung gaben.

Nach der Lehrgangswoche war mir klar, dass ich Manfreds Rat folgen und in der Schiedsrichtergruppe weitermachen wollte. Das Fußballspielen mochte ich dafür zunächst nicht aufgeben, und so trainierte ich weiterhin regelmäßig wie bisher mit meinen Jungs und zusätzlich einmal wöchentlich am Nebenplatz mit den Schiris aus unserer Region. Allerdings setzte mir meine fußballerische Veranlagung eine natürliche Grenze, was meine weitere Laufbahn als Abwehrspieler betraf: Unsere erste Herrenmannschaft, die altersmäßig meine nächste Station dargestellt hätte, spielte in der Bezirksoberliga. Das zu schaffen war für mich nicht realistisch, dafür reichte mein Können nicht. Da ich aber den Ehrgeiz besaß, das, was ich machte, so gut wie möglich zu tun, befasste ich mich gedanklich immer öfter damit, alles auf eine Karte zu setzen. Beziehungsweise auf zwei, wenn man so will: Gelb und Rot. Ich wollte Schiedsrichter werden.

***

Parallel dazu absolvierten Marcus und ich unseren Realschulabschluss. Das wäre eigentlich ein Grund zum Feiern gewesen, aber der Sport nahm einen so großen Raum in meinem Leben ein, dass für Disco und Party kaum Zeit blieb. Während meine Teamkameraden schon mal nach den Spielen um die Häuser zogen, trank ich so gut wie keinen Alkohol und machte mich, wenn ich denn mal mitging, jedes Mal als Erster auf den Weg nach Hause.

»Deniz, bleib locker und entspanne dich doch mal«, sagte Marcus oft zu mir, aber das konnte ich nicht, wenn ich wusste, dass ich am nächsten Morgen ein Spiel pfeifen musste. Selbst wenn 22 Kinder auf dem Platz standen, spürte ich eine gewisse Verantwortung, der ich unbedingt gerecht werden wollte. Das war ich denjenigen schuldig, die sich darauf verließen, dass ihre Partie ordnungsgemäß durchgeführt werden konnte. Auch das hatte etwas mit Respekt zu tun.

Es gab später nur ein einziges Mal, an dem mich meine Disziplin verließ, doch zu meiner Ehrenrettung muss ich sagen, dass daran hauptsächlich das Wetter schuld war. Ich sollte eine Begegnung in der Landesliga pfeifen, was bereits einen gewissen Reiseaufwand mit sich brachte, da sich die beteiligten Vereine manchmal 200 Kilometer oder mehr entfernt von Zirndorf befinden konnten. Ich war für ein Spiel in Erding eingeteilt, allerdings hatte es in ganz Süddeutschland seit Tagen geschneit wie verrückt. Der Bayerische Fußballverband (BFV) sagte reihenweise Termine ab, sodass ich davon ausging, dass das Match in Erding ebenfalls ins Wasser oder besser gesagt in den Matsch fiel. Marcus staunte, dass ich ihm nicht wie üblich für den Abend absagte:

»Heute können wir echt einen draufmachen«, sagte ich am Telefon zu ihm in der Erwartung, endlich mal an einem Sonntagmorgen ausschlafen zu können.

Wir verabredeten uns zusammen mit ein paar anderen Kumpels in einer Nürnberger Diskothek, und ich musste im Gegensatz zu sonst nicht fahren. Ich nutzte die Gunst der Stunde und gönnte mir ein paar Drinks, die ich vermutlich auch deshalb deutlich heftiger spürte als meine Freunde, weil ich Alkohol schlichtweg nicht gewohnt war. Irgendwann in der Nacht – oder eher am frühen Morgen – war ich wieder zu Hause und vergewisserte mich vor dem Hinlegen sicherheitshalber noch einmal, dass der Verband wirklich den gesamten Spieltag verlegt hatte. Zu meinem Leidwesen schien sich jedoch genau über Erding ein ominöses Hochdruckgebiet zu befinden, denn diese Ansetzung war allen Ernstes das einzige Landesligaspiel im gesamten Freistaat, das planmäßig stattfinden sollte. Nach nicht einmal drei Stunden Schlaf machte ich mich notgedrungen auf den Weg nach Oberbayern, lieferte meiner Erinnerung nach eine entsetzliche Leistung ab und schwor mir, mich nie wieder wegen ein paar Bierchen so gehen zu lassen.

* * *

Zuvor hatte ich im März 1995 zusammen mit Marcus meine offizielle Schiedsrichterprüfung abgelegt. Die Prüfung bestand aus reiner Theorie, die so ähnlich war wie beim Führerschein. Allerdings wunderte ich mich, dass es im Gegensatz dazu keinen praktischen Teil gab. Wir mussten ausschließlich zahlreiche, teilweise recht kuriose Regelfragen beantworten, bei denen es schon mal darum gehen konnte, wie zu entscheiden war, wenn eine Katze von außen aufs Spielfeld lief. Die richtige Antwort lautete: Das Spiel durfte nur dann unterbrochen werden, wenn das Geschehen auf dem Platz maßgeblich gestört wurde. Sogar ein erzieltes Tor würde zählen, nachdem die Katze den Ball berührt hatte – wenn sie keinen Spieler des verteidigenden Teams vorher bei der Abwehr behinderte oder dem Schuss eine entscheidende Richtungsänderung gab. Das war schon witzig.

Abgesehen davon, dass ich immer mehr Spaß an der Spielleitung empfand, hatte meine neue Nebentätigkeit den Vorteil, dass ich nicht nur 15 Mark Aufwandsentschädigung pro Einsatz erhielt, sondern wir auch einen Ausweis bekamen, der zu freiem Eintritt auf sämtlichen bayerischen Fußballplätzen berechtigte. Davon machte ich regen Gebrauch, denn wenn ich gut werden wollte, musste ich mir abschauen, wie es die anderen Schiris machten. Für mich ging es zunächst mit Nachwuchsspielen los: Meine offizielle Premiere als Schiedsrichter feierte ich beim B-Jugendspiel TSV Altenberg gegen den TSV Cadolzburg, knapp zwei Wochen nach meiner Prüfung. Es war natürlich nicht mein allererster Einsatz, aber da ich nun mit dem formalen Siegel des BFV auflief, fühlte es sich trotzdem anders an als bei den lustigen Freizeitkicks, die ich zuvor bei uns im Verein pfeifen durfte. Kurzum: Ich war total nervös. Das lag daran, dass hinter der Bande nicht nur ein paar Dutzend ehrgeiziger Eltern und zwei altgediente Trainer standen und ständig etwas hereinriefen, sondern auch Manfred Dölfel, der mich von diesem Moment an nicht mehr aus den Augen ließ.

Ich kannte zwar alle möglichen Regeln und war theoretisch auf alle Eventualitäten vorbereitet. Praktisch aber wusste ich überhaupt nicht, wo ich hinlaufen und wie ich es vermeiden sollte, im Weg herumzustehen. Erst als ich mich kurz vor Beginn des Spiels auf dem Platz umsah, bemerkte ich, wie einsam man sich auf so einem Stück Rasen fühlen konnte. Wenn ich mit meinen Teamkameraden zusammenspielte, bildeten wir elf eine Einheit, in der jeder seine genaue Aufgabe zugeteilt bekommen hatte, die es umzusetzen galt. Jetzt aber war ich einzig auf mich gestellt und fühlte mich allein und verloren.

»Deniz, da musst du hin!«, rief Manfred mir zu und deutete von draußen auf die richtige Stelle, nachdem ich mich nach wenigen Minuten bei der ersten Ecke für Cadolzburg hilflos umgesehen hatte, weil ich nicht wusste, wo ich mich am besten positionieren sollte. Und so ging es weiter. Ich entschied auf Freistoß für Altenberg und rätselte, ob ich mich lieber in den Strafraum stellen sollte, wo der Ball mutmaßlich hinflog, oder doch in die Nähe des Ausführenden. Egal ob Einwurf, Abstoß oder Doppelpass im Mittelfeld – ich kam mir vor wie jemand, der nicht hier hingehörte. Irgendwie brachte ich die erste Halbzeit hinter mich. In der Pause redete Manfred wie wahnsinnig auf mich ein und erklärte mir gefühlt tausend verschiedene Dinge, die ich im zweiten Durchgang verbessern sollte. Natürlich konnte ich mir das nicht alles merken, aber ein paar Sachen blieben haften. Es war erstaunlich, aber während der restlichen Partie war ich ein wenig ruhiger. Auch die Eltern hatten Nachsicht mit mir, nachdem ihnen Madders praktisch nach jedem Zwischenruf erzählt hatte, dass es sich heute um meinen ersten Einsatz in einem Punktspiel handelte.

* * *

Dass er mich gegenüber seinen anderen Schützlingen offensichtlich bevorzugte, lag weniger an meinen grundsätzlichen Anlagen, denn Marcus beispielsweise war wesentlich talentierter als ich und besaß ein besseres

Spielverständnis. Aber er hatte nebenbei eine Menge um die Ohren und konnte deswegen nicht regelmäßig an den Sitzungen teilnehmen, die mindestens einmal im Monat im Rahmen der örtlichen Schiedsrichtergruppe stattfanden und auf denen unter anderem darüber diskutiert wurde, wer als sogenannter Förderer in die höhere Klasse aufsteigen sollte. Ich aber hatte momentan keine Freundin, machte mir nichts aus Fernsehen und schaufelte mir die Zeit frei, die ich brauchte, sodass ich immer anwesend war. Das war ein echter Wettbewerbsvorteil.

Die restliche Saison und auch die nächste pfiff ich unter verschärfter Beobachtung. Wenn ich zu einem Spiel kam, war Manfred ebenfalls vor Ort, gab mir Tipps und analysierte anschließend meine Leistung. Besonders wichtig war für ihn das Auftreten. Normalerweise waren selbst bei diesen unterklassigen Begegnungen rund 50 und manchmal sogar mehr Zuschauer da, die einem das Leben recht schwer machen konnten. Bei den pandemiebedingten Geisterspielen in den vergangenen zwei Jahren stellte ich erneut fest, wie störend es für die eigene Konzentration sein kann, einzelne Rufe von außen wahrzunehmen. Wenn dich in Dortmund 80 000 Fans auspfeifen, empfinde ich das als weniger schlimm, als ständig einen oder zwei Typen zu hören, die an dir und deiner Leistung herummeckern oder Unsinn brüllen. Natürlich muss man das als Schiedsrichter aushalten können, und wenn ich alle Beleidigungen und Schmähungen ernst nehmen würde, die ich in meinem Leben in diesem Zusammenhang gehört habe, dann hätte ich den Beruf bereits vor 20 Jahren an den Nagel gehängt. Aber gerade am Anfang macht es etwas mit einem, wenn dich irgendeine Pappnase 90 Minuten lang anpöbelt und du jedes einzelne Wort verstehst.

Und auch die 22 Extraportionen Testosteron auf dem Platz sind nicht ohne, wenn du in der Kreisliga als Grünspan irgendwohin kommst und schon beim Anstoß zu erkennen gibst, dass du die Hosen voll hast.

Also brachte mir der gute Madders bei, wie ich mir natürlichen Respekt allein dadurch verschaffen konnte, wie ich auflief und was ich ausstrahlte. Das begann damit, dass man nie zu spät kommen durfte. Das fiel mir nicht schwer, und es leuchtete mir absolut ein, dass jemand, der womöglich abgehetzt und auf den letzten Drücker am Sportplatz ankam, bereits von vornherein nicht unbedingt die höchste Wertschätzung bei den Spielern genoss. Also war ich immer der Erste beziehungsweise der Zweite, denn Manfred war meistens vorher da.

»Stutzen hoch, Trikot rein und immer komplett in Schwarz«, war sein Motto, das ich von Beginn an beherzigte. »Und dann ist eines ganz wichtig: Lass dir bloß nichts gefallen, sonst tanzen die dir auf der Nase herum. Die dürfen klopfen, aber Sie dürfen dich nicht anmaulen. Niemals. Das geht zulasten der Spielleitung.«

Damit wollte er sagen, dass es im Eifer des Gefechts natürlich okay war, wenn sich jemand beschwerte oder nachfragte – das hatte ich schließlich auch immer getan. Aber sich anschreien oder beschimpfen zu lassen, das war für ihn ein absolutes No-Go. Wenn das passierte, schickte er den Betreffenden sofort zum Duschen. Es war ihm egal, wenn er deswegen von den Mannschaftskameraden, den Betreuern und einem Teil der Zuschauer gehasst wurde, was häufig vorkommen konnte und sich mitunter in wüsten Bedrohungen entlud. Vor allem wenn Vereine aufeinandertrafen, deren Spieler aufgrund ihres ethnischen Hintergrundes von Natur aus mehr Temperament besaßen als andere. Trafen Spanier auf Italiener, Griechen auf Türken oder Jugoslawen auf Russen, dann galt für Madders nur eine Losung: »Die musst du von Anfang an plattmachen«, sagte er – und meinte damit nicht, dass man mit Platzverweisen um sich werfen sollte. Aber er hielt es für die sinnvollere Herangehensweise, mittels Gestik, Mimik und der ein oder anderen unmissverständlichen Ansage ab der ersten Sekunde klarzustellen, nach wem sich die Herrschaften die folgenden 90 Minuten zu richten hatten. Ich staunte, dass es ihm rein gar nichts ausmachte, bei Sportlern und Offiziellen weitgehend unbeliebt zu sein, wohingegen andere Schiris nach Spielende gelegentlich auf ein Bier ins Vereinsheim eingeladen wurden. Diese Distanz aber war für ihn essenziell, um tatsächlich im besten Sinne unparteiisch sein zu können. Er wollte nicht gemocht, aber respektiert werden. Und das gelang ihm.

* * *

»Du bist dran, Deniz«, sagte Manfred eines Abends nach einer der Gruppensitzungen zu mir und klopfte mir auf die Schultern. Er wollte unbedingt, dass ich schnellstmöglich in eine höhere Liga aufstieg und somit den nächsten Schritt als Schiedsrichter machte. So sehr ich mich über seine Entscheidung freute, so sehr plagte mich ein schlechtes Gewissen Marcus gegenüber, der folglich das Nachsehen hatte, weil nur ein Schiri pro Gruppe und Jahr aufrücken konnte und ich doch nur öfter bei den Besprechungen dagewesen war als er. Marcus machte das alles nichts aus, aber ich war erst dann wieder hundertprozentig mit mir im Reinen, nachdem er ein Jahr später ebenfalls »befördert« wurde. Er hatte es sich nämlich genauso verdient.

Vor, während und nach den Spielen versuchte ich, Madders' Ratschläge umgehend umzusetzen. Und davon gab es reichlich, denn egal, wie gut ich zu pfeifen glaubte, er hatte immer etwas an meiner Spielleitung auszusetzen, wenn wir im Anschluss an die Partien in der Kabine oder im Auto zusammensaßen. Je mehr ich jedoch anfangs richtig machen wollte, desto häufiger übertrieb ich es mit meiner Herangehensweise. Auch wenn Manfred ein sehr autoritärer und strenger Schiri war, so blieb er bei all dem doch stets sachlich und abgeklärt. Ich aber pflügte durch meine ersten Spiele wie ein Bulldozer, kannte weder Freund noch Feind und benahm mich wie der sprichwörtliche Elefant im Porzellanladen. Trotzdem hielt Manfred zu mir, weil er merkte, dass ich ihm zuhörte und mich bemühte, seine Anweisungen genau umzusetzen. Ich machte meine Unzulänglichkeiten mit Disziplin wieder wett, und das schien ihm zu gefallen.

Es mag vielleicht seltsam klingen: Durch meine im Vergleich zu hiesigen Verhältnissen sehr unerbittliche Schulzeit in der Türkei und die strikten Werte, die mir mein Großvater in jenen Jahren vermittelte, brachte ich möglicherweise bessere Voraussetzungen für diesen Job mit als die meisten anderen, die es nicht in gleicher Weise gewohnt waren, sich an eindeutige Spielregeln zu halten. Das, was Madders sagte, war für mich Gesetz. Wenn er uns um sieben Uhr zum Parkplatz bestellte, von dem aus wir zum Spiel fuhren, kamen manche aus unserer Gruppe halt drei, vier oder auch zehn Minuten später, weil sie keinerlei Gespür dafür besaßen, dass so eine kurze Zeitspanne für andere Menschen eine Bedeutung haben konnte. Ich hingegen war um fünf vor Sieben da und hatte damit überhaupt kein Problem. Er wusste, dass er sich auf mich verlassen konnte. Deshalb galt umgekehrt das Gleiche.

Diese Verlässlichkeit ist eine Eigenschaft, die ich heute leider immer häufiger vermisse. In meinem Leben als Unternehmer habe ich hochrangige und extrem anerkannte Geschäftspartner kennengelernt, mit denen ich zu einem wichtigen Gesprächstermin verabredet war, an dem ich dann eine Stunde allein herumsaß, weil es niemand für nötig hielt, mich über die Verzögerung zu informieren. Ich finde nicht, dass ich zu kleinlich oder altmodisch bin, wenn mich solche Verhaltensweisen stören.

* * *

Für mich war es damals illusorisch, jemals die Bundesliga zu erreichen. Ich kann nicht einmal sagen, dass es ein Herzenswunsch von mir gewesen wäre, irgendwann in ferner Zukunft Spiele wie das Revierderby, Gladbach gegen Köln oder Frankfurt gegen Stuttgart zu leiten – ich dachte überhaupt nicht daran, weil es mir von der Wirklichkeit so weit entfernt schien. Für Madders hingegen, das erfuhr ich erst viel später, war die Vorstellung sogar in den ersten Jahren unserer Zusammenarbeit nicht völlig abwegig. Er hatte mich früh als seine Konstante auserkoren und wohl stets daran geglaubt, dass ich es dorthin schaffen konnte, wo er auch gewesen war. Mein wahrer und wie ich fand nicht ganz unrealistischer Traum dagegen war es, eines Tages in der Bezirksliga pfeifen zu dürfen. Dann nämlich würde ich nicht mehr allein auf dem Platz stehen müssen, sondern hätte zwei Assistenten dabei – und das alles vor 200 oder 300 Zuschauern. »Dort ein Spiel zu leiten, das wär's«, dachte ich immer wieder. Ich ahnte nicht, dass ich dank Manfred diesem Ziel schnell näherkommen würde.

Das Tragische an der Geschichte ist, dass mein Freund und Förderer Manfred Dölfel es letztlich doch nicht mehr erleben durfte, wie ich es tatsächlich in die Bundesliga schaffte. Er starb im Oktober 2002 mit nur 63 Jahren an einem Herzinfarkt während eines Kreisklassenspiels zwischen der SpVgg Nürnberg und dem SV Moorenbrunn. Als ich an jenem Wochenende die Nachricht erhielt, war ich völlig geschockt und konnte es nicht glauben. Zu dieser Zeit hatte ich gerade meine erste Saison in der Regionalliga Süd begonnen, die damals die dritthöchste deutsche Spielklasse war. Und ich durfte erstmals für ein paar Begegnungen in der 2. Liga an der Linie stehen. Nachdem ich mich wieder gefasst hatte, musste ich unweigerlich an das denken, was mir Madders immer an wertvollen Ratschlägen für meinen weiteren Weg mitgegeben hatte, den er bis zu seinem Tod intensiv und äußerst wohlwollend verfolgte. Ohne ihn, das steht fest, hätte ich es gar nicht bis hierhin geschafft. Als ich knapp sieben Jahre später, genauer gesagt am 27. September 2008, meine Premiere in der 1. Liga absolvieren durfte, beim Spiel Hertha BSC Berlin gegen Energie Cottbus, war er in meinen Gedanken ebenfalls mit dabei. Und wer weiß, vielleicht hat er ja irgendwo da oben zuvor einen entscheidenden Pfiff für mich abgegeben.

Als Heynemann mich überrundete: Meine ersten Gehversuche als junger Schiri

Ungefähr ein Jahr nach meinem etwas holprigen Debüt zwischen Cadolzburg und Altenberg, bei dem ich recht unsystematisch auf dem Platz herumirrte, veranstaltete der Bayerische Fußballverband einen sogenannten Förderlehrgang. Zu diesem wurden aus allen sieben Fußballbezirken des Bundeslandes rund 40 talentierte Nachwuchsschiedsrichter geschickt, die wie ich alle um die 18 Jahre jung waren. Manfred hatte es geschafft, mich für das zweitägige Seminar, das in der Sportschule Oberhaching stattfinden sollte, für meine Heimat Mittelfranken anzumelden. Von diesem berühmten Leistungszentrum hatte ich bis dahin nur gehört. Umso beeindruckter war ich, als ich mit meiner Sporttasche und selbstverständlich eine Viertelstunde vor dem vereinbarten Eintreffen vor dem Eingang des riesigen Areals stand. Es gab mehrere Fußballplätze, teilweise sogar mit Flutlicht und Kunstrasen, diverse Tennisplätze, ein großes Hallenbad mit Sauna, vier oder fünf Turnhallen für alle möglichen Sportarten und natürlich Seminarräume. Der Komplex wirkte wie ein großes Wellness-Hotel, allerdings war mir klar, dass ich das Wochenende hier nicht zum Spaß verbringen würde, sondern zwei knüppelharte Tage vor mir hatte: Der Lehrgang unterteilte sich in zwei Themenschwerpunkte – einen Regeltest, bei dem es zahlreiche Fachfragen zu beantworten galt, und eine Laufprüfung.

Auf den Test hatte ich mich zusammen mit Madders wie üblich akribisch vorbereitet, und ich wusste, dass mir hier eigentlich nichts passieren konnte, wenn nicht plötzlich Fragen auftauchten, die in keinem anderen Handbuch zu finden waren. Beim Laufen aber waren andere Jungs etwas athletischer als ich. Schon beim Sportunterricht in der Realschule war deutlich geworden, dass aus mir kein weißer Linford Christie werden würde. Ich war nie der schnellste Läufer, und Sprintübungen jeglicher Art waren nicht mein Ding. Auch deshalb gab ich fachlich von Beginn an Vollgas. Und ich hörte auf den Rat von erfahrenen Sportskameraden wie Rainer Golombek, der in der Zirndorfer Schiri-Gruppe aktiv war und mir regelmäßig wertvolle Tipps und Hinweise gab.

Als wir den Test vorgelegt bekamen, musste ich schlucken. Normalerweise wurden darin, das wusste ich aus Erzählungen, 20, höchstens 30 Aspekte behandelt. Landeslehrwart Josef Pfeifer jedoch wollte anscheinend das Niveau der theoretischen Ausbildung der bayerischen Schiedsrichter anheben und hatte eine Prüfung mit sage und schreibe 60 Fragen entwickelt, die nun vor uns lagen. Nachdem der erste Schock überwunden war, machte ich mich an die Arbeit. Nach den ersten zehn Fragen kam ich in einen Flow und konnte all das anwenden, was ich zuvor gebüffelt hatte. Als wir den Test schließlich nach gut eineinhalb Stunden abgaben, war ich zufrieden.

»Vierzig richtige Antworten. Geht so«, sagte Pfeifer bei der Rückgabe der Testergebnisse an den Schiri-Kollegen, der vor mir saß.

»Knapp die Hälfte. Eher schwach«, hieß es beim Nächsten. Und so ging es weiter.

»Und dann habe ich hier noch zwei echte Überraschungen«, erklärte der Lehrwart und hielt zwei Blätter in der Hand, von denen eins von mir stammte und das andere von Bozidar »Bobby« Milanesi, einem sehr netten Mitstreiter mit bulgarischen Wurzeln.

»Neunundfünfzig Fragen richtig. Alle Achtung«, sagte Josef Pfeifer und drückte uns die Blätter in die Hand.

Dieses Resultat, das es so zuvor wohl noch nicht gegeben hatte, verursachte in Oberhaching etwas Aufruhr bei den Ausbildern – und kaschierte vor allem meine maximal durchschnittliche Laufleistung, nachdem mir die Hälfte unserer Gruppe bei den obligatorischen Sprints davongespurtet war. Ich bekam am Rande mit, wie sich einige Verantwortliche darüber unterhielten, was nun für die Gesamtbewertung wichtiger sei: möglichst schnell und ausdauernd rennen zu können oder viele Regelfragen richtig beantwortet zu haben; die Meinungen gingen hier auseinander. Zu meinem Glück war jedoch Josef Pfeifer derjenige, der die letztendliche Entscheidung traf, welche Nachwuchsschiedsrichter ins nähere Blickfeld des Verbandes rücken sollten. Und da die Regelkunde sein großes Steckenpferd war, fiel die finale Entscheidung zu Bozidars und meinen Gunsten aus: Wir wurden zur Halbzeittagung der Bundesligaschiedsrichter eingeladen, die in diesem Jahr ebenfalls in Oberhaching über die Bühne ging!

* * *

Diese Veranstaltungen hatten in unseren Kreisen einen Ruf wie Donnerhall: Dort trafen sich alljährlich in der

Winterpause sämtliche Unparteiischen der deutschen Lizenzligen zum Stelldichein. Natürlich wurde dabei die Hinrunde bilanziert und gefachsimpelt, man diskutierte über Fehlentscheidungen und Regeländerungen, zudem wurden Vorträge von altgedienten Experten gehalten, aber es gab stets auch ein unterhaltsames Rahmenprogramm mit bekannten Künstlern und jede Menge gutes Essen. Für mich war eine Teilnahme dort in etwa so spektakulär, als hätte ein A-Jugend-Spieler eine Wildcard für ein Training bei der Nationalmannschaft bekommen.

Ein halbes Jahr später war es soweit: Bobby und ich schlugen wieder in Oberhaching auf und hatten außer unseren Trainingsklamotten einen feinen Zwirn dabei, um dem Anlass angemessen abends nicht unangenehm aufzufallen – wobei mein »feiner Zwirn« aus einem altmodischen, dunklen Anzug bestand, den mir meine Eltern irgendwann gekauft hatten und der nicht mehr richtig passte. Bei der Begrüßungsrunde im Foyer musste ich mir erst einmal die Augen reiben, denn all die Menschen, die ich nur aus dem Fernsehen kannte, standen plötzlich leibhaftig vor mir: Herbert Fandel, Hellmut Krug, Markus Merk, Lutz-Michael Fröhlich und so weiter. Zu meiner großen Überraschung wunderten sich die meisten dieser etablierten Bundesligagrößen nicht, warum da auf einmal ein unbekannter Jungspund in ihrer Runde stand und wissbegierig zuhörte, was sie zu erzählen hatten. Sie nahmen mich kollegial auf, gaben mir den einen oder anderen Rat und wollten von mir wissen, wie es denn derzeit in den unteren Ligen so zuging.

Leider war auch dieses Wochenende kein reines Vergnügen, da wir alle ebenfalls einen Regel- und einen Lauftest absolvieren mussten. Nach der 60-Fragen-Nummer aus dem Frühjahr konnte mich keine theoretische Prüfung mehr überrumpeln. Doch beim Laufen geriet ich erneut an meine Grenzen. Wir mussten diesmal in der Münchner Olympiahalle auf der dortigen 200-Meter-Bahn ran. Ich hatte schon beim Start kein besonders gutes Gefühl und merkte nach wenigen Sekunden, wie gut in Form die Topleute augenscheinlich waren. Ich versuchte irgendwie mitzuhalten, so gut es ging. Das war für mich eine Frage der Ehre, immerhin konnte ich von einigen der Anwesenden rein altersmäßig der Sohn sein.

»Sag mal Junge, was ist denn los mit dir? Lauf doch zu, Mensch«, sächselte es nach der vierten oder fünften Runde unmittelbar hinter mir – genau wusste ich den aktuellen Stand nicht, weil ich mich so sehr auf meine Füße konzentrierte. In diesem Augenblick bemerkte ich, wie derjenige, der mich halb im Ernst, halb im Spaß angeschnauzt hatte, soeben an mir vorbeizog. Es war Bernd Heynemann, der bereits seit 1980 in der DDR-Oberliga Spiele geleitet hatte und seit der Wende auch in der Bundesliga pfiff. Bevor ich darüber nachdenken konnte, dass er deutlich über vierzig war, während ich gerade meine Volljährigkeit gefeiert hatte, wurde mir klar, dass mich Heynemann nicht nur überholte: Er hatte mich soeben überrundet. Das tat weh, nicht nur in den Beinen. Anscheinend war ich dermaßen verkrampft angesichts der namhaften Persönlichkeiten um mich herum, dass ich nicht das Tempo auf die Bahn bringen konnte, wie ich es mir vorgenommen hatte. Und noch heute lösen derartige Lauf-Aufgaben beinahe mehr Anspannung bei mir aus als das nächste Topspiel.

* * *

Nach meiner Rückkehr musste ich meine vielen Eindrücke erst einmal verarbeiten. Abgesehen davon, dass ich an diesen paar Tagen extrem spannende Einblicke in den sportlichen Alltag der absoluten Topelite bekommen hatte, war für jemanden wie mich auch das gesamte Drumherum spektakulär. Allein an solch einem Galadinner, wie wir es dort an einem der Abende serviert bekamen, hatte ich noch nie in meinem Leben zuvor teilgenommen – ich war ja schon froh, wenn ich mir inzwischen eine Pizza bei Cosmo leisten konnte, ohne Francesco und Dario dafür zu bemühen. Je länger ich zu Hause an die Erlebnisse während der Halbzeittagung dachte, desto sicherer war ich mir, dass ich es niemals so weit schaffen würde. Ich hatte aufgrund meines guten Tests riesiges Glück gehabt, einmal bei so einem Anlass dabei sein zu dürfen. Aber eigentlich gehörte ich da gar nicht hin.

Mein größtes Problem war damals ohnehin, noch immer keinen Ausbildungsplatz in Aussicht zu haben. Ich wollte unbedingt eine kaufmännische Lehre absolvieren, um mir danach so viele berufliche Optionen wie möglich offenzuhalten, aber der Markt war Ende der 1990er-Jahre Jahre wie leer gefegt. Ich wusste nicht mehr, wie viele Bewerbungen ich bereits verschickt hatte, aber es mussten Dutzende gewesen sein. Das ging gehörig ins Geld, da man damals noch eine aufwendige Mappe in die Post geben musste und nicht einfach eine E-Mail mit einem Anhang versenden konnte. Um die Bewerbungen aber überhaupt erstellen zu können, musste zwingend ein neuer PC her: Mein alter Computer, den mir mein Vater nach meiner Rückkehr aus der Türkei geschenkt hatte, war zu allem Überfluss endgültig kaputtgegangen.

»Marcus, kannst du mir etwas pumpen?«, fragte ich deshalb mit einem flauen Gefühl im Magen meinen Freund, der inzwischen wie ich bis zu drei Spiele am Wochenende pfeifen durfte – oder musste, je nach Herangehensweise: Wir wurden meistens für Samstagfrüh, Samstagnachmittag und dann nochmals irgendwann für Sonntag eingeteilt. Da blieb kaum Zeit für anderweitige Freizeitaktivitäten, was mir nichts ausmachte, Marcus aber zunehmend nervte. Wie auch immer: Es war mir unangenehm, ihn um einen solchen Gefallen bitten zu müssen.

»Ich hab' doch selbst viel zu wenig Kohle«, lachte er. »Mit unserer Aufwandsentschädigung kann man keine großen Sprünge machen – weißt du ja. Aber ich frag' mal meine Eltern. Das kriegen wir schon hin!«

Er hielt Wort: Tatsächlich liehen mir Marcus' Vater Horst und Mutter Helga so viel, dass ich mir einen Computer kaufen konnte, mit dem ich mich dann in Sachen Bewerbung an die Arbeit machte. Mir war jedoch klar, dass ich alles daransetzen musste, den Betrag so schnell wie möglich zurückzuzahlen.

»Lass dir Zeit, Deniz. Es eilt nicht«, hatten die beiden zwar zu mir gesagt. Aber für mich war es sehr wichtig, meine Schulden umgehend zu begleichen – sonst würde ich mich mit jedem weiteren Tag schlechter fühlen. Da es in Zirndorf keine großen Möglichkeiten an gleichermaßen lukrativen und interessanten Nebenjobs gab, entschloss ich mich, im Marktkauf, einem großen Supermarkt mitten im Ort, als »Mädchen für alles« zu arbeiten: Am frühen Morgen, bevor die Kunden kamen, reinigte ich den Fußboden im Verkaufsraum. Anschließend arbeitete ich in der Cafeteria als Spüler, und am Nachmittag füllte ich die Regale mit frischer Ware auf. Die Abende nutzte ich noch dazu, von Haustür zu Haustür zu ziehen und im Auftrag eines lokalen Obstbauern frische Äpfel zu verkaufen.

Schon allein wegen des Jobs meiner Mutter hatte ich keinerlei Berührungsängste mit solchen vermeintlich einfachen Beschäftigungen, für die mich manche meiner Kumpels belächelten. Dieses eine Jahr, in dem ich all diese Tätigkeiten ausübte, sollte mich für meinen späteren Lebensweg prägen. Wenn ich heute in einen Supermarkt gehe und einen Einräumer entdecke oder eine Reinigungskraft, dann sehe ich diese Menschen mit anderen Augen. Niemals würde ich über einen Fremden urteilen aufgrund dessen, was er macht oder manchmal machen muss. So banal es klingt, so wahr ist es auch: Für mich zählt immer nur der Charakter, und der bemisst sich sicher nicht an einem beruflichen Status oder einer Lohnabrechnung.

Durch meine diversen Engagements verdiente ich genug Geld, um meine Schulden bei Horst und Helga schneller als erwartet zurückzuzahlen. Da ich kaum Ausgaben hatte, konnte ich mir sogar ein paar Ersparnisse für eine eigene Wohnung beiseitelegen. Für mich stand fest: Sobald ich eine Lehrstelle gefunden hatte, wollte ich ausziehen.

* * *

Das hatte auch mit Sabrina zu tun. Sie war seit einiger Zeit meine erste Freundin. Wir hatten uns kurioserweise ausgerechnet in der Türkei kennengelernt: Meine Eltern, Pinar und ich waren mal wieder mit dem Auto in die Heimat gefahren und legten nach dem Besuch bei Opa und Oma noch ein paar Tage Erholung in einem türkischen

Strandhotel ein. Sabrina verbrachte die Ferien mit ihrer Familie dort, wir waren uns auf Anhieb sympathisch und stellten bei einem unserer Abendspaziergänge fest, dass sie aus Nürnberg stammte. Das konnte kein Zufall sein. Nach unserer beider Rückkehr trafen wir uns wieder, wann immer mir meine Schiedsrichtertätigkeit Zeit ließ, und irgendwann waren wir zusammen.

Überhaupt hellte sich plötzlich der Himmel auf: Als ich schon beinahe die Hoffnung aufgegeben hatte, in absehbarer Zeit als Azubi eingestellt zu werden, erreichte mich ein Anruf der Nürnberger Mercedes-Niederlassung.

»Wir haben Ihre Unterlagen durchgesehen, Herr Aytekin«, sagte eine freundliche Stimme am Telefon. »Wir würden Sie gerne näher kennenlernen. Sie bekommen noch eine schriftliche Einladung zu einem Vorstellungstermin.«

Das war natürlich ein Ding! Ich hatte in der Lokalzeitung die Stellenanzeige des Betriebs zum Industriekaufmann gelesen und meine Unterlagen dorthin geschickt, mir aber keine ernsthaften Chancen ausgerechnet, angenommen zu werden. Sogar mein Vater, der noch immer unseren alten Opel fuhr, war beim Namen Mercedes gleich ganz aufgeregt. Als ich wenige Tage später in dem riesigen Autohaus ankam, das sich direkt neben dem Quelle-Areal befand und außer den üblichen Limousinen auch Mercedes-Nutzfahrzeuge verkaufte und instand setzte, erklärte mir gleich zu Beginn des Gesprächs Herr Wagner, der stellvertretende Niederlassungsleiter, dass sich einige Hundert Schulabsolventen beworben hatten – auf acht kaufmännische Stellen, die für das nächste Ausbildungsjahr im Betrieb zur Verfügung standen. Wie ich später erfuhr, waren fünf davon vorab an Söhne und Töchter von Mitarbeitern vergeben. Die Aussichten, dass sie mich einstellten, waren also äußerst gering.

Wie bei meinen Prüfungen als Nachwuchsschiri wollte ich das, was ich durch gewissenhafte Vorbereitung beeinflussen konnte, nicht dem Zufall überlassen – und ein Lauftest würde hier hoffentlich nicht auf mich warten. Seinerzeit gab es noch nicht die Möglichkeit, alle möglichen Kenndaten über den Konzern im Internet zu recherchieren. Stattdessen suchte ich nach anderweitigen Quellen, in denen ich einige Eckpunkte über die Daimler-Benz AG in Erfahrung bringen konnte. Ich fand heraus, dass das gesamte Unternehmen am 28. Juni 1926 gegründet wurde, zuletzt einen Umsatz von rund 120 Milliarden D-Mark gemacht hatte und weltweit mehr als 300 000 Angestellte beschäftigte. Und ich entdeckte auf der schriftlichen Einladung zum Bewerbungsgespräch, dass unten auf dem Bogen sämtliche Vorstände samt Ressort aufgeführt waren. Die lernte ich auswendig – nur zur Sicherheit. Man konnte nie wissen.

»Das klingt alles vernünftig«, sagte Herr Wagner, nachdem er sich einige Minuten mit mir über meine Ziele und Vorstellungen unterhalten hatte. »Aber kennen Sie auch unsere Firma? Wissen Sie zum Beispiel, wer unser Vorstandsvorsitzender ist?«

Das Schicksal schien es gut mit mir zu meinen.

»Jürgen Schrempp«, sagte ich wie aus der Pistole geschossen.

»Donnerwetter«, war Herr Wagner erstaunt. »Und kennen Sie zufällig den Aufsichtsratschef?«

»Hilmar Kopper«, antwortete ich.

»Jetzt wird's knifflig: Wie heißt denn der Personalvorstand?«

»Heiner Tropitzsch«, sagte ich. Das war die Eine-Million-Mark-Frage.

»Sagen Sie mal, woher wissen Sie das alles, junger Mann?«, fragte mich der Filial-Vize perplex.

Ich zog aus meinem hässlichen Sakko, das zuletzt beim Dinner in Oberhaching zum Einsatz gekommen war, mein verknittertes Einladungsschreiben heraus und zeigte wahrheitsgemäß meine Lernvorlage. Herr Wagner lachte und notierte sich etwas auf dem Blatt Papier, das vor ihm lag.

»Sie hören von uns«, sagte er zum Abschied und gab mir die Hand. Ein paar Tage später bekam ich die Zusage. Für mich war die Ausbildung wie ein Sechser im Lotto. Und die Zusatzzahl bestand darin, dass Sabrina praktisch direkt gegenüber von meinem neuen Arbeitgeber wohnte.

***

An meinem ersten Tag war ich hochnervös. Ich freute mich auf das, was vor mir lag – hatte allerdings großen Respekt vor dem neuen Lebensabschnitt. Um kurz nach acht Uhr morgens versammelten sich alle neuen Azubis in der Eingangshalle, wo sie von Herrn Roggendorf, dem Chef der Niederlassung, feierlich begrüßt wurden. Am Ende seiner Ansprache gab er uns einen Leitsatz mit auf den Weg, den ich fortan nicht mehr vergessen und bis zum heutigen Tag beherzigen sollte: »Versucht, immer besser zu sein als die anderen«, sagte er. »Aber nie zulasten der anderen.«

Am selben Abend dachte ich lange über diese Worte nach. Natürlich wollte ich so erfolgreich sein wie möglich, sei es als angehender Industriekaufmann bei Mercedes-Benz, sei es als Schiedsrichter. Ich war sehr ehrgeizig, auch und vielleicht gerade wegen meiner Herkunft und der einfachen Verhältnisse, unter denen ich aufgewachsen bin. Aber ich wollte auf keinen Fall dafür über Leichen gehen müssen, jemand anderen ausstechen, hintergehen oder enttäuschen. Ich musste die Ziele, die ich mir gesetzt hatte, durch harte Arbeit erreichen, und wenn das nicht genügte, dann war es halt so. Wenn ich mir manche Vorgänge aus den vergangenen Jahren anschaue, kann ich nur bedauern, dass offensichtlich nicht alle jemanden wie Herrn Roggendorf kannten, der ihnen eine solche Lebensweisheit mit auf den Weg gab. Übertriebener Egoismus, Rücksichtslosigkeit und ein ausgeprägter Mangel an Skrupel sind natürlich Phänomene, die leider überall in unserer Gesellschaft zu finden sind. Das ist jedoch ein anderes Thema.

Nur noch Fußball im Kopf: Beziehungskrise und das erste große Derby

Ein junger Schiedsrichter zu sein, konnte Vorteile mit sich bringen. Bei manchen Spielen genoss ich eine Art Nestschutz, der dazu führte, dass manche strittigen Entscheidungen nicht jedes Mal von allen Anwesenden tausendmal hinterfragt oder kritisiert wurden. Diese Stimmung konnte sich allerdings schnell ins Gegenteil verkehren, wenn es auf dem Platz hektisch wurde. Dann wurde mein Alter manchmal auf eine, sagen wir, nicht immer ganz sachliche Weise thematisiert; es gab wütende Zwischenrufe oder den Versuch, von der Bank aus Einfluss zu nehmen. Trotz solcher gelegentlichen Widrigkeiten versuchte ich den Weg, den mir Madders vermittelt hatte, konsequent weiterzugehen. Ich wollte mir den nötigen Respekt mit meinem Auftreten erarbeiten. Wie von ihm gebetsmühlenartig gepredigt, ließ ich mir von der ersten Sekunde an absolut nichts gefallen – und war dadurch schnell im gesamten Kreis berüchtigt.

»Oje, oje, der Aytekin kommt«, hieß es des Öfteren bei den beteiligten Vereinen, wenn ich vom Verband für eine Partie eingeteilt war. Viele Trainer waren genervt von meiner Art der Spielleitung. Am meisten fürchteten sie vermutlich, dass ihre Mannschaft das Spiel nicht vollzählig beenden würde – und diese Angst war durchaus berechtigt. Noch war ich in meiner Persönlichkeit nicht so weit, meine Herangehensweise mitunter kritisch zu hinterfragen. Stattdessen zog ich mein Ding ohne Rücksicht auf Verluste durch und entwickelte eine extreme Widerstandsfähigkeit, um mich vor der Abneigung zu schützen, die mir fast überall entgegengebracht wurde.

Viele meiner Weggefährten gingen grundsätzlich anders an die Sache heran. Sie wirkten angefasst, wenn sie mal vehement ausgepfiffen oder angefeindet wurden, was ein natürliches menschliches Verhalten war. Die meisten wollten am Ende des Tages einfach dazugehören und nicht allein im Vereinsheim am Tisch sitzen, wenn sie denn nach manchen Spielen überhaupt noch hineingelassen wurden. Diesen Wunsch nach Zugehörigkeit konnte ich hingegen gut ausblenden – vermutlich weil ich mir meine Anerkennung mehrere Male anderweitig erarbeiten musste: Ich war, nachdem mich meine Eltern zu meinen Großeltern in die Türkei gebracht hatten, für meine Mitschüler zunächst ein Fremdkörper. Später, als ich nach Deutschland zurückkehrte, passierte mir das Gleiche wieder. Auch wenn mir niemals echte Feindseligkeit entgegenschlug, halfen mir diese Erfahrungen auf jeden Fall, nicht schwermütig zu werden, nur weil einem der Zeugwart zum Abschied den Stinkefinger zeigte. Ich wollte meine Entscheidungen nicht von solchen Stimmungen abhängig machen. Dass ich es dabei oft übertrieben hatte, wollte ich noch nicht wahrhaben.

* * *

Nur in Ausnahmefällen hingen mir manche Erlebnisse doch länger nach. Es war das Spiel SV Napredak gegen die zweite Mannschaft der SG Quelle Fürth. Der SV war 1994 von serbischen Auswanderern, die in Nürnberg und Umgebung heimisch wurden, gegründet worden – als Reminiszenz an den »großen« FK Napredak aus Kruševac, einer Stadt in Zentralserbien. Der Klub schaffte kurz nach seiner Gründung den Aufstieg in die damalige B-Klasse, allerdings war die SG Quelle II an diesem Nachmittag eine Nummer zu groß für die Jungs. Genau kann ich den Spielverlauf nicht mehr rekonstruieren, aber ich bin mir ziemlich sicher, dass keine meiner Entscheidungen das Endergebnis von 1:15 beeinflusst hatte. Trotzdem machte ein Spieler offenbar vor allem mich für das Debakel verantwortlich, das natürlich am Stolz der Kicker vom Balkan rüttelte.

»Ey, Schiri!«, hörte ich eine tiefe Stimme hinter mir auf dem Parkplatz rufen, als ich nach dem Duschen auf dem Weg zu meinem Auto war. Ich drehte mich um, und bevor ich in irgendeiner Weise reagieren konnte, bekam ich schon mit voller Wucht einen Tritt gegen die Wade. Im ersten Moment befürchtete ich, dass mir der Typ soeben das Schienbein durchgetreten hatte.

»Was soll denn das?«, schrie ich den Mann an, den ich umgehend als Feldspieler des SV Napredak identifizierte. Bevor er noch weiter auf mich eintreten oder -schlagen konnte, eilten ein paar andere Anwesende herbei und zogen ihn von mir weg.

Nachdem sich der erste Schmerz gelegt hatte, überlegte ich, wie ich mit dem Vorfall umgehen sollte. Mein Bein war nicht gebrochen, aber ich hatte keine andere Wahl, als das volle Programm durchzuziehen. Und das tat ich: Ich erstattete Anzeige wegen Körperverletzung und meldete die Sache dem Bezirk, der anschließend eine sehr lange Sperre gegen den Mann aussprach. Ich konnte verstehen, wenn jemand aufgrund eines Resultats oder meinetwegen auch wegen einem meiner Pfiffe frustriert war. Bei Gewalt jeglicher Art gibt es für mich jedoch keine Toleranzgrenze.

Dieses Ergebnis brachte mich, das zum Glück das heftigste in meiner Laufbahn blieb, zum Nachdenken. Ich wusste von anderen jungen Schiedsrichtern, die ähnlich körperlich angegangen oder massiv bedroht wurden, und Aggressionen gegenüber unserer Zunft sind ein Thema, das in den vergangenen Jahren leider zum immer größeren Problem geworden ist. Dennoch wollte ich mir von den wenigen schwarzen Schafen nicht die Freude an meinem Hobby kaputtmachen lassen. Die geriet vielmehr wegen privater Sorgen in Gefahr.

* * *

Sabrina hatte mich verlassen. Wir waren mehr als zwei Jahre zusammen, aber unsere Freizeitgestaltung war nicht kompatibel zueinander. Unter der Woche arbeitete ich von frühmorgens bis zum späten Nachmittag bei Mercedes, danach trainierte ich mindestens an zwei bis drei Abenden noch. Und das Wochenende gehörte dem Sport.

»Du hast nur noch Fußball im Kopf«, warf sie mir vor. »Da habe ich doch gar keinen Platz mehr.«

»Aber das stimmt nicht«, versuchte ich mich herauszureden, denn ich mochte sie sehr gern und wollte sie keinesfalls verlieren. Insgeheim wusste ich aber, dass sie absolut recht hatte. In meinem Leben gab es tatsächlich gerade keinen Raum für irgendetwas anderes, das nicht die Arbeit oder meine Schiedsrichtertätigkeit betraf. Sabrina ging und hinterließ in mir eine große Leere und eine tiefe Traurigkeit

Erst jetzt, nach vielen Jahren, sehe ich die Dinge klarer. Nicht nur Sabrina, auch meine spätere Ehefrau hatte unter der Tatsache zu leiden, dass ich genau dann unterwegs war, wenn andere Männer endlich Zeit für ihre Familie besaßen, während der sie gemeinsame Ausflüge oder Reisen unternehmen konnten – oder wenigstens über die Angelegenheiten sprachen, die unter der Woche angefallen waren und dem Partner auf dem Herzen lagen. Zu allem Überfluss brachte ich oft all meine Gedanken rund um die Spiele mit nach Hause an den Esstisch und war nicht nur kein besonders guter Ansprechpartner für etwaige Probleme, sondern eigentlich gar keiner. Mit dem Wissen von heute muss ich leider einräumen, dass ich zwar sowohl im Beruf als auch auf dem Platz stets versucht habe, respektvoll mit meinem jeweiligen Gegenüber umzugehen. Zu Hause aber klappte das nicht immer.

Nach der Trennung von Sabrina, meiner ersten großen Liebe, stellte ich mir zum ersten Mal die grundsätzliche Frage, ob es das alles wert war: so viel Zeit zu opfern für eine Beschäftigung, die mir zwar Spaß machte, mich aber vermutlich die nächsten Jahre oder gar Jahrzehnte massiv einengen würde, weil Fußballspiele, egal in welcher Liga, vor allem samstags und sonntags stattfanden und nicht montag- oder mittwochvormittags. Dieses ständige disziplinierte Leben, das ausschloss, spontan mal mit meinen Freunden abhängen zu können, war eine enorme seelische Belastung. Und selbst wenn ich es weiter nach oben schaffen sollte, würde es ja nicht besser: Als Schiedsrichter würde ich, anders als die Spieler, niemals ein Heimspiel haben, sondern immer unterwegs sein – womöglich sogar über Nacht. Ich musste mich entscheiden, ob ich bereit war, diese Einschränkungen auf Dauer zu akzeptieren, mit allen Konsequenzen. Ich war es.

* * *

Erleichtert wurde mir der Entschluss dadurch, dass ich innerhalb eines Jahres zwei Ligen überspringen durfte. Zuvor hatte ich endlich die Bezirksliga erreicht und bekam erstmals meinen Traum erfüllt: Ich durfte mit zwei Assistenten pfeifen. Das Ergebnis meines Förderlehrgangs einige Monate davor hatte sich offenbar mittlerweile unter den Fachleuten in der Region herumgesprochen, und der Verband stufte mich hoch und setzte mich gezielt dort ein, wo die Offiziellen potenzielle Aufregung erwarteten. Mein erstes Bezirksligaspiel war denn auch ein echter Prüfstein: Der SV Gloria Weilersbach trat gegen den TSV Germania Kirchehrenbach an. Es war das sogenannte »Walberla«-Derby – »Walberla« wurde im Volksmund der rund 530 Meter hohe Berg genannt, der sich direkt hinter den beiden benachbarten Ortschaften erhob, die nur durch eine Bummelbahnlinie und die schmale Hauptstraße getrennt waren – und laut Lokalpresse die »Mutter aller Derbys« im gesamten Umkreis. Die Brisanz wurde noch dadurch verstärkt, dass Kirchehrenbach soeben erst in die Bezirksliga aufgestiegen war, wo Weilersbach bereits seit zehn Jahren auf den Erzrivalen »wartete«.

Wer sich ein wenig bei uns in Franken auskannte, der wusste, dass manche Dörfer trotz der geografischen Nähe zueinander in etwa so viel gemeinsam hatten wie Köln und Düsseldorf, Hannover und Braunschweig oder Gelsenkirchen und Dortmund. Es gab rivalisierende Kirchweihvereine, die sich gegenseitig die Maibäume abspenstig machten. Manche besonders lokalpatriotischen Gastwirte bedienten niemanden aus der jeweils anderen Gemeinschaft, und beim Fußball verstanden die Leute erst recht keinen Spaß. Man konnte also sagen, dass die Partie so etwas wie der »El Clásico« der fränkischen Schweiz war, deren Ausgang die Stimmungslage zweier kompletter Orte für die nächsten Wochen prägte.

Erstaunlicherweise fühlte ich mich vor dem Spiel ziemlich ruhig. Diese Entspanntheit wurde dadurch gefördert, dass Madders von der Ausbilder- in die Assistentenrolle schlüpfte und für die kommenden zwölf Monate als einer meiner beiden Linienrichter fungierte. Als wir nach Weilersbach fuhren, bekamen wir schnell ein Gefühl dafür, dass alles auf den Beinen war, was sich auch nur im Entferntesten für Fußball interessierte. Normalerweise kamen zu derartigen Spielen höchstens ein paar Hundert Zuschauer, aber an den zahllosen Autos, die links und rechts der Straße in Hofeinfahrten und auf Äckern parkten, merkten wir, dass heute ein besonderer Tag sein würde. Der Sportplatz, der wie üblich in diesen Ligen nur aus dem Spielfeld und einer rundum verlaufenden Wellenbrecherstange sowie ein paar Werbebanden bestand, war mehrreihig gesäumt von Menschen, und auf dem Weg zum Vereinsheim befanden sich mehr Bratwurst- und Getränkestände als in manchem Zweitligastadion. Wie ich später erfuhr, waren an diesem Tag circa 1500 Menschen da, was fast der kompletten Einwohnerzahl Weilersbachs entsprach. Sogar ein Lokalradiosender übertrug live, überall auf dem Gelände lagen deshalb dicke Kabel herum. So etwas hatte ich zuvor noch nicht erlebt.

»Übrigens, du wirst heute beobachtet«, sagte mir Madders kurz vor dem Anpfiff. Doch auch nach dieser Information blieb ich ruhig. Dass jemand vom BFV den Schiedsrichter bei einem solchen Match unter die Lupe nahm, war nichts Außergewöhnliches, zumal wenn es sich wie bei mir um einen Neuling in der entsprechenden Spielklasse handelte. Das Spiel selbst war wenig spektakulär: Ich gab einen Foulelfmeter für Kirchehrenbach, der allerdings vom Gefoulten verschossen wurde, danach fiel dennoch das 1:0 für die Gäste, das Weilersbach schließlich ausgleichen konnte. Für die Volksseele war das 1:1 das beste Ergebnis. Die Leute aus beiden Orten saßen danach gemütlich beim Bier zusammen und fachsimpelten darüber, wer das Rückspiel gewinnen würde.

* * *

Für mich aber hatte das »Walberla-Derby« positive Folgen, mit denen ich nicht gerechnet hatte. Der Beobachter, der mich während der 90 Minuten in Augenschein nahm, fand es wohl recht ansprechend, was er da sah. Jedenfalls vergab er in seiner Begutachtung unglaubliche 49 Punkte. Ich wusste, dass die Höchstzahl von 50 praktisch nicht erreicht werden konnte, weil die zu 100 Prozent perfekte Leistung schlichtweg nicht möglich war – so ähnlich wie beim Restaurantführer *Gault Millau,* der ebenfalls nie den eigentlichen Bestwert 20 vergab. Aber auch von 49 erreichten Punkten hatte ich zuvor noch nie gehört. Die besten Ergebnisse, die ich von meinen Kompagnons her kannte, lagen bei 45, 46 oder in Ausnahmefällen maximal 47 Zählern. In meiner Bewertung stand jedoch allen Ernstes, dass bei mir sogar die 50 Punkte möglich gewesen wären, wenn ich noch etwas mehr Laufbereitschaft an den Tag gelegt hätte. Das haute mich fast um.

Danach wusste jeder im Bezirk, wer ich war. Es war kaum zu fassen, wie sich dieses einzige Spiel zwischen zwei beschaulichen Dörfern inmitten von Feldern und Wiesen knapp 50 Kilometer von meinem Zuhause entfernt verselbstständigte und zur Legende im fränkischen Amateurfußball wurde. Ich selbst behielt weder meine Leistung noch die Partie als besonders erwähnenswert in Erinnerung. Doch irgendetwas musste an jenem Bezirksliga-Nachmittag im Spätsommer 1997 passiert sein, das sich nicht rational erklären ließ – und was noch heute allen, die dabei waren, im Gedächtnis blieb. So gab es etwa zum 10- und zum 20-jährigen Jubiläum zahlreiche Presseberichte rund um den Hype, obwohl beide Mannschaften nicht mehr in derselben Liga spielten. Manchmal meinte es das Schicksal nur gut mit einem, und vermutlich war ich zur richtigen Zeit am richtigen Ort.

Schlüsselerlebnis im Frankenstadion: Wie Andy Köpke meine Karriere rettete

Bereits in der Winterpause derselben Saison durfte ich aufgrund meines Punkteschnitts in die Bezirksoberliga aufrücken. Das System damals sah vor, dass man seinen bisherigen Bewertungsschnitt in die nächsthöhere Klasse mitnehmen durfte. Und da ich sehr gute Noten wie die erwähnten 49 Punkte erhalten hatte, war ich ohne großes Zutun auf der nächsten Stufe ganz vorne dabei. Dieser seltsame und ehrlicherweise etwas ungerechte Schlüssel brachte es mit sich, dass ich nach wenigen Spielen erneut aufsteigen konnte: in die Landesliga, damals die in die drei Regionen Nord, Mitte und Süd aufgeteilte, fünfthöchste Klasse im bayerischen Fußball. Hier tummelten sich vereinzelt große Namen wie die SpVgg Bayreuth, der SSV Jahn Regensburg oder der MTV Ingolstadt, die man ansonsten allenfalls aus der Rundfunksendung *Heute im Stadion* kannte, in der am Samstagnachmittag sämtliche Amateur-Endergebnisse ab den Landesligen aufwärts verlesen wurden.

In dieser Spielklasse machte ich das erste Mal schmerzhafte Erfahrung mit einer Verletzung, wie sie im Leistungssport leider üblich ist: Ich leitete ein Spiel des ASV Vach und blieb an der Kante eines Verteilerkastens für die Beregnung des Rasens hängen. Diese Dinger waren auf vielen Amateurplätzen im Boden versenkt und normalerweise keine besonders gefährliche Stolperfalle. Aber an diesem Tag kam zum Missgeschick auch noch Pech dazu: Ich knickte mit dem Fuß um und spürte, dass irgendetwas im Inneren kaputtgegangen war. Weil ich die Partie aber nicht wegen meiner persönlichen Unzulänglichkeit abbrechen wollte, biss ich auf die Zähne und zog die 90 Minuten bis zum Ende unter großen Schmerzen durch. Kurz darauf beim Arzt erfuhr ich, dass bei der unglücklichen Bewegung meine Außenbänder gerissen waren. Um möglichst schnell wieder einsatzfähig zu sein, war ich auf eine gute Behandlung angewiesen, die ich zum Glück auch erhielt. Viele Jahre nach diesem Vorfall sollte ich erst recht erfahren, wie wichtig das medizinische Drumherum im Leistungssport war, als meine gesamte Karriere wegen dieses einen kleinen Moments der Unachtsamkeit in Vach auf der Kippe stand.

* * *

Eine weitere Saison später zählte ich zu den 28 Schiedsrichtern, die für die Bayernliga eingesetzt wurden. Das war eine echte Hausnummer. Hier wurde im Prinzip zwischen 18 renommierten Teams von Hof bis Passau die inoffizielle bayerische Meisterschaft ausgespielt. Man merkte, dass die Bayernliga medial einen recht großen Stellenwert und dementsprechend eine hohe öffentliche Aufmerksamkeit besaß. Nun waren bei jedem Spiel mehrere Reporter mit dabei; die Spieler und Trainer gaben Interviews. Vereinzelt waren sogar Kameras aufgebaut, die Aufnahmen für die regionalen TV-Fenster des Bayerischen Rundfunks machten. Und natürlich kamen allerorten wesentlich mehr Zuschauer zu den Sportplätzen, die bisweilen richtige Stadien sein konnten. Kurzum: Das hier fühlte sich teilweise wie richtig großer Fußball an.

Nur meine Karriere bekam einen echten ersten Knick. Plötzlich wehte mir ein anderer Wind entgegen: Meine kompromisslose Art der Spielführung kam bei den Offiziellen nicht mehr so gut an, und meine Bewertungen fielen insgesamt deutlich ab. In meinem ersten Bayernliga-Jahr, in dem ich neun Spiele leiten durfte, vergab ich insgesamt zwölf Platzverweise. War es in den unteren Klassen noch besonders wichtig, sich auf diese Weise Respekt zu verschaffen, wirkte vieles, was ich jetzt machte, überzogen und kleinlich. Einige Trainer beschwerten sich über mich, und natürlich stand jetzt schon mal ein kritischer Kommentar über meine Leistung in der Presse – wie beispielsweise nach dem turbulenten Spiel FC Kempten gegen die SpVgg SV Weiden, an dessen Ende nur noch 18 Spieler auf dem Rasen übrig geblieben waren. Ich landete im abschließenden Schiedsrichter-Ranking lediglich im Mittelfeld, und im darauffolgenden Jahr wurde es noch schlechter.

In meiner zweiten Bayernliga-Saison vergab ich zwar deutlich weniger Rote Karten, aber ich merkte selbst, dass ich nicht mehr so souverän wie die Jahre zuvor in die Spiele ging. Nach weiteren zehn Partien und dem von mir geleiteten Saisonabschluss stand fest: Ich stand auf der jährlichen Notenliste auf dem Abstiegsplatz.

* * *

Es kam alles zusammen. Nachdem Sabrina Schluss gemacht hatte, brauchte ich eine gewisse Zeit, um mich wieder zu sammeln. Nun aber hatte ich eine neue Frau kennengelernt, mit der ich mich mehr als nur gut verstand: Anja. Meine Lehre bei Mercedes war ebenfalls sehr erfreulich zu Ende gegangen: Ich wurde als Industriekaufmann vom Betrieb übernommen und stand somit anders als nach der Trennung von Sabrina vor einer Grundsatzentscheidung. Eigentlich wollte ich ein normales Leben führen, mit einem geregelten Beruf, der mein Einkommen sicherte und der am Freitagnachmittag für die nächsten zwei Tage in den Hintergrund rückte. Ich wollte mit meiner neuen Freundin, mit der ich mir vorstellen konnte, eine Familie zu gründen, ab und an essen gehen und am Wochenende mal eine Disco oder ein Konzert besuchen. Und ich wollte endlich nicht mehr darüber nachdenken müssen, wann ich am nächsten Morgen aufstehen musste, um stress- und staufrei die teilweise mehrere Stunden lange Anfahrt zum Spielort hinzubekommen.

Auch wenn ich tief in meinem Herzen spürte, wie viel mir die Schiedsrichtertätigkeit trotz der Enttäuschung nach der vergangenen Bayernliga-Saison bedeutete, war meine Entscheidung gefallen: Ich wollte aufhören zu pfeifen, jedenfalls auf diesem Niveau. Der Stress war zu groß geworden, und es war ohnehin unwahrscheinlich, dass ich mich noch einmal aus der Landesliga herausarbeitete, in die ich im kommenden Jahr nach meiner Rückstufung zwangsversetzt werden würde. Hier ging es normalerweise anders zu als in der Schule: Dort konnte man, wenn man das Klassenziel nicht erreicht hatte, trotzdem noch einen guten Abschluss hinlegen und womöglich sogar studieren. Der BFV hingegen pflegte Schiedsrichter, die einmal abgestiegen waren, nicht mehr in gleichem Maße zu fördern. Dafür gab es zu viele andere, die an diese Stelle treten konnten. Ich war beinahe erleichtert, nachdem ich mich nach langem Hin und Her im Prinzip zu diesem Schritt durchgerungen hatte. Allerdings hatte ich nicht mit dem Anruf von Hans Rößlein gerechnet, dem amtierenden Kreisschiedsrichter-Obmann.

»Deniz, stell dir vor – wir sind die Assistenten am Sonntag«, sagte er zu mir. Ich begriff erst nicht, was er von mir wollte. Ich hatte ihm gegenüber bereits angedeutet, dass ich nicht mehr weitermachen würde. Außerdem war es Mitte Juli, die Saison war seit eineinhalb Monaten vorbei, und was am Sonntag sein sollte, erschloss sich mir momentan ebenfalls nicht. Hans merkte mir an, dass ich auf dem Schlauch stand.

»Das Abschiedsspiel von Andy Köpke im Frankenstadion! Der Heynemann pfeift, und wir sollen an die Linie!«

Jetzt verstand ich, worum es ging – und war perplex. Andreas Köpke war wenige Wochen zuvor mit dem 1. FC Nürnberg in die Bundesliga aufgestiegen und hatte anschließend im Alter von 39 Jahren seine Laufbahn beendet. Die sollte nun einen würdigen Abschluss erhalten. Im Zuge der Euphorie über die Rückkehr des FCN ins Oberhaus waren die lokalen Medien seit Tagen voll mit Vorberichten über das große Spiel, das vor ausverkauften Rängen stattfinden würde und in dem die aktuelle Nürnberger Mannschaft gegen ein von Berti Vogts betreutes All-Star-Team antreten sollte, in dem Köpkes Weggefährten wie Guido Buchwald, Pierre Littbarski, Rudi Völler, Jürgen Klinsmann und Klaus Augenthaler – dem aktuellen Club-Trainer – auf dem Platz standen. Und ausgerechnet ich sollte als einer der beiden Assistenten mitmachen. Dazu konnte ich nicht Nein sagen.

* * *

Als ich an diesem 15. Juli 2001 die Katakomben des Frankenstadions betrat, spürte ich zum ersten Mal die Kraft, die der Fußball in der Bundesliga entfalten konnte. Draußen sangen sich schon einige Tausend der über 40 000 Zuschauer an diesem sonnigen Nachmittag in Stimmung, und drinnen herrschte ein geschäftiges Treiben aus Offiziellen und Aktiven. Ich war einigermaßen elektrisiert von der Atmosphäre – erst recht, als ich die Schiedsrichterkabine im Untergeschoss der Haupttribüne betrat, die nichts mit den kleinen Kabuffs zu tun hatte, in denen wir uns sonst immer umziehen mussten. Das war für mich die große, weite Welt. Ich fühlte mich wie in einem Film.

»Na, ich hoffe, du bringst heute etwas mehr Tempo mit!«, begrüßte mich Bernd Heynemann lachend. Anscheinend hatte er nicht vergessen, dass er mich vor einigen Jahren in der Münchner Olympiahalle überrundet hatte.

Er, Hans und ich hatten, wie bei solchen Spielen üblich, einen sehr entspannten Nachmittag, was für mich eine völlig neue Erfahrung darstellte. Nach einer halben Stunde wechselte Andreas Köpke vom Nürnberger Tor in das der All-Stars, die den Fans immer wieder Kabinettstückchen zeigten und auch uns Unparteiischen gegenüber ihre Späßchen machten. Spieler von Weltrang wie Andreas Möller oder Krassimir Balakov aus nächster Nähe zu erleben war für jemanden wie mich, den dieser Sport seit Langem faszinierte, natürlich eine beeindruckende Angelegenheit. Ich genoss jede Sekunde und war beinahe traurig, als Heynemann abpfiff und sich Köpke mit seinen beiden Kindern für die obligatorische Ehrenrunde aufmachte.

»Hast du gut gemacht«, sagte der Magdeburger FIFA-Referee nach dem Spiel zu mir und drückte mir seine Wählmarke in die Hand: ein kleines Plastikplättchen, das auf der einen Seite rot und auf der anderen schwarz war und mit dem er an diesem Tag die Platzwahl durchgeführt hatte.

»Als kleine Erinnerung.«

Ich bedankte mich und steckte das Ding in meine Hosentasche. Nach einem derartigen Erlebnis konnte ich im Prinzip gar nicht als Schiri aufhören. Ich sprach mit Madders und Hans. Außerdem setzte ich mich natürlich mit meiner künftigen Frau zusammen und besprach mit ihr, dass ich nun doch weiterhin als Schiedsrichter im Einsatz sein wollte. Sie wusste: Dies würde bedeuten, die Wochenenden weitgehend allein zu Hause zu verbringen und sich hinter dem Fußball einreihen zu müssen, doch sie stimmte dennoch zu. Was Anja und ich jedoch nicht wissen konnten, war, dass diese alles andere als optimale Reihenfolge viele Jahre später eine zu große Belastung für unsere Beziehung werden würde. Es sollte die schmerzhafteste Erkenntnis meines Lebens werden. Heynemanns Marke aber habe ich über all die Zeit aufgehoben. Ab und zu hole ich sie aus der Schublade und überlege, wie mein weiterer Weg wohl verlaufen wäre, wenn ich keine Einladung zu diesem außergewöhnlichen Spiel erhalten hätte. Die Bundesliga jedenfalls hätte ich nur von einer Sitzschale aus verfolgt. Von jener war ich aber ohnehin Lichtjahre entfernt.

* * *

Nach meinem Rückzieher vom Rückzieher stellte ich mich darauf ein, künftig wieder in der guten alten Landesliga eingesetzt zu werden. Vielleicht gab es doch eine Möglichkeit, sich durch bemerkenswerte Leistungen dort wieder herauszuarbeiten – ich musste eben noch eine Schippe drauflegen. Doch zu meiner großen Überraschung profitierte ich in diesem Moment von meiner Jugend: Die Verantwortlichen der zuständigen Schiedsrichterkommission hatten sich nämlich dazu entschlossen, einen weitaus älteren Kollegen, der aufgrund seines fortgeschrittenen Alters sowieso keine Chance mehr gehabt hätte, sich für höhere Aufgaben zu qualifizieren, an meiner Stelle abzustufen. Sein Notenschnitt war zwar um 0,1 Punkte besser als meiner, aber offenbar gab es in dieser Hinsicht einen Ermessensspielraum, von dem ich nichts wusste. Irgendjemand in der Zentrale meinte es gut mit mir und sah offenbar ein Potenzial, das ich in der vergangenen Saison nicht abgerufen hatte. Ich bekam also noch eine Chance und trat abermals in der Bayernliga an.

Als ich vier Wochen später einige Kilometer von Würzburg entfernt am 4. Spieltag der neuen Saison die Begegnung des TSV Gerbrunn gegen die zweite Mannschaft der SpVgg Unterhaching anpfiff, fühlte ich mich beinahe wie neugeboren. Ich wollte allen beweisen, dass es richtig war, mich in dieser Liga zu behalten und mich im Idealfall für die Regionalliga zu empfehlen, die bis 2008 den in eine Nord- und eine Süd-Staffel zweigeteilten Unterbau der beiden deutschen Profiligen darstellte. Das Spiel endete 4:2 für Gerbrunn, ich vergab acht Gelbe Karten, stellte einen Spieler vom Platz und entschied zweimal auf Elfmeter. Das ging ja gut los.

Am Ende dieser Spielzeit war ich vom BFV insgesamt neunmal eingeteilt worden. Ich konnte meinen Punkteschnitt wieder verbessern, aber für mehr reichte es dieses Mal ebenfalls nicht. Auch im nächsten Jahr würde es für mich folglich in der Bayernliga weitergehen, zum vierten Mal in Folge. Natürlich war ich nach meinen schnellen Aufstiegen zuvor einerseits ein wenig enttäuscht, nun irgendwie dort festzuhängen. Andererseits bestand immer noch die Möglichkeit, es in zwölf Monaten zu schaffen. Heute wäre es kaum vorstellbar, dass ein junger Schiedsrichter vier Jahre hintereinander in derselben unterklassigen Liga zum Einsatz kommt. Nicht weil der Verband das nicht möchte, aber viele jetzige Kolleginnen und Kollegen machen im ersten Jahr Schluss, in dem es für sie nicht weiter nach oben geht. Ich finde das sehr schade, denn so reizvoll der Ausflug ins Frankenstadion zu Köpkes Abschiedsspiel für jemanden wie mich damals auch war, so viel Spaß machte es mir, die Spiele von Mannschaften wie Schwaben Augsburg, Fürstenfeldbruck oder der SpVgg SV Weiden zu pfeifen und auf deren beschaulichen Sportplätzen die authentische Anmutung des Fußballs mitzubekommen.

* * *

Das einzige Problem war nur, dass mich Manfred Amerell nach dieser langen Zeit schlicht nicht mehr auf dem Schirm hatte. Er hatte von 1987 bis 1994 selbst 66 Spiele in der Bundesliga gepfiffen und betätigte sich anschließend vorwiegend als Funktionär für den DFB. Amerell entschied damals als süddeutscher Schiedsrichter-Obmann maßgeblich darüber, wer aus seinem Zuständigkeitsbereich in die Regionalliga kommen sollte. Mittlerweile waren natürlich andere Nachwuchstalente von unten nachgerückt, die die Aufmerksamkeit von Amerell und den anderen Beobachtern auf sich lenkten – so wie ich einst, als ich binnen sehr weniger Spiele praktisch von jetzt auf gleich in der Bezirksliga starten durfte. Schon an der Ansetzung konnte ich sehen, dass ich in dieser Bayernliga-Saison nur noch unter dem Radar flog. Ich wurde häufig bei zweiten Mannschaften von Profiteams wie 1860 München oder Unterhaching eingesetzt und bekam Spiele ohne große Brisanz aus dem Mittelfeld der Tabelle wie Großbardorf gegen Memmingen oder Aindling gegen Hof zugewiesen.

Ins kleine Stadion am Schlüsselhauser Kreuz am Aindlinger Ortsrand zu kommen bedeutete für die Unparteiischen fast immer Stress. Die Fans dort waren immer etwas lauter als anderswo, und durch die kleine, aber massive Holztribüne herrschte für Bayernliga-Verhältnisse eine durchaus intensive Fußballatmosphäre, die dieses Mal noch dadurch verstärkt wurde, weil das Match ausnahmsweise an einem Freitagabend stattfand. An diesem trüben Oktobertag entschied sich mein weiterer Werdegang, aber das ahnte ich natürlich nicht, als ich im ungemütlich kalten Nieselregen anpfiff. Ich hatte keine Ahnung warum, aber die Jungs beider Mannschaften waren extrem aggressiv zugange. Schon nach wenigen Minuten war folglich auch ich auf Betriebstemperatur, so wie es mir Madders beigebracht hatte. Je mehr sich die Aindlinger und Hofer gegenseitig abgrätschten, am Trikot rissen oder schubsten, umso heftiger fielen meine Reaktionen aus. Man konnte praktisch sagen, dass gerade 23 Psychos auf dem Platz standen, und der größte davon war ausgerechnet ich.

Am Ende notierte ich auf meinem Spielberichtsbogen das angesichts der eineinhalbstündigen Klopperei einigermaßen erstaunliche Ergebnis von 0:0, dazu vier Gelbe und zwei Gelb-Rote Karten. Ich saß erschöpft in der Kabine, als sich die Tür öffnete und Manfred Amerell hereinkam. Er wohnte in Augsburg, wo er ein Hotel betrieb, und hatte sich das Spiel nur deshalb angesehen, weil Aindling lediglich ein paar Fahrminuten von Augsburg entfernt lag. Dass er die ganze Zeit auf der Tribüne saß, hatte ich natürlich nicht mitbekommen. Daher war ich völlig überrascht, als er auftauchte.

»Sakra, da ging's ja drunter und drüber heute«, sagte er zu mir in seiner typisch bayerischen Art. »So kann man in der Regionalliga aber nicht pfeifen.«

Ich wusste im ersten Moment nicht, wie ich diese Aussage zu deuten hatte, aber Amerell sorgte zum Glück gleich selbst für die Auflösung.

»Sei's drum, mir hat's trotzdem gefallen. Das war sehr konsequent, junger Mann.«

Das glich einem Ritterschlag. Dadurch wusste ich, dass ich plötzlich doch wieder ins Blickfeld gerückt war – und weiterkommen konnte, wenn ich für den Rest der Saison meine Leistung ablieferte. Ich pfiff noch sechs weitere Begegnungen in der Bayernliga, dazu einige Spiele aus der A-Jugend-Bundesliga Süd/Südwest, in der die U19-Mannschaften großer Klubs wie Eintracht Frankfurt, FSV Mainz oder VfB Stuttgart vertreten waren, bei dem der damals 16-jährige Sami Khedira und der 17-jährige Mario Gómez mit im Kader standen. Wenn ich daran denke, dass der ebenfalls erst 16-jährige Bernd Nehrig seinerzeit von mir eine Gelbe Karte erhielt, über die er sich heftig beschwerte, kann ich kaum glauben, wie schnell doch die Zeit vergeht angesichts dessen, dass der Mann später allein 259 Zweitligaspiele absolvieren sollte.

* * *

Nach dem Abschluss dieser Saison schaffte ich es tatsächlich, endlich in die Regionalliga aufzurücken. Für mich war das zunächst einmal die Bestätigung jahrelanger harter Arbeit und großer Disziplin, die ich in dieses Hobby investiert hatte. Aber ich empfand gleichzeitig große Dankbarkeit, und zwar dafür, immer wieder Menschen wie Manfred Dölfel, Rainer Golombek oder Hans Rößlein getroffen zu haben, die es gut mit mir meinten und die auch in schwierigen Situationen an mich glaubten. Rainer ist inzwischen übrigens über siebzig, fiebert noch immer mit mir mit und sagt mir nach beinahe jedem Einsatz offen und ehrlich seine Meinung. Und ich höre ihm gerne zu, denn wenn er heute etwas zu mir und meiner Leistung zu sagen hat, hat das für mich dasselbe Gewicht wie früher. Mein Respekt vor solchen Persönlichkeiten hat sich kein bisschen verändert, nur weil ich jetzt ein paar Klassen höher pfeifen darf.

Nebenbei bemerkt: Diesen Respekt zu verlieren, wenn man ihn überhaupt jemals besessen hat, ist eine Verhaltensweise, die mich immer wieder sehr verärgert. Nur ein Beispiel: Es gibt leider ligenübergreifend einige Kollegen, die den örtlichen Schiedsrichterbeobachter nicht ernst nehmen, weil dieser aufgrund seiner Vita in ihren Augen nicht qualifiziert genug ist, einen fachlichen Kommentar abzugeben. Dabei käme bei einem Trainer niemand mehr auf den Gedanken, dieser könne keine Mannschaft trainieren, weil er nicht selbst auf diesem Level aktiv war. Holger Geschwindner, um beim Sport zu bleiben, hat Dirk Nowitzki zu einem der besten Basketballprofis der Welt gemacht, ohne jemals in der NBA gespielt zu haben. Und wenn man den Bogen zu unserer Gesellschaft spannen möchte, dann stünde es uns gut zu Gesicht, viel öfter auf den Rat derer zu hören, die eine gewisse Lebenserfahrung besitzen.

Außerdem bin ich dankbar dafür, in den vielleicht entscheidenden Momenten riesengroßes Glück gehabt zu haben. Das »Walberla-Derby«, Andreas Köpkes Abschiedsspiel oder Manfred Amerells überraschender Besuch im Aindlinger Regen – das waren allesamt Schlüsselereignisse, die meinem Weg eine entscheidende Wendung gaben, weil sie zum richtigen Zeitpunkt stattfanden. So etwas konnte man nicht beeinflussen. Das war, wenn man es so nennen will, Schicksal.

Nun stand ich unmittelbar davor, eine Bühne zu betreten, die verglichen mit meinen bisherigen Stationen in der Öffentlichkeit deutlich stärker wahrgenommen wurde. Es gab sogar Spiele, die live in den dritten Programmen übertragen wurden und die teilweise vor mehreren Tausend Zuschauern stattfanden. Erst vor Kurzem erinnerte ich mich daran, dass ich in jenem Jahr 2004 auch das Punktspiel der TSG 1899 Hoffenheim leitete, die damals in der Regionalliga Süd gegen Pfullendorf antrat und bei der ein gewisser Hansi Flick auf der Trainerbank saß – das aber nur am Rande. Trotz meiner Vorfreude auf Traditionsmannschaften wie Offenbach, Darmstadt oder die Stuttgarter Kickers versuchte ich, der neuen Herausforderung mit größtmöglicher Demut zu begegnen. Für mich war es von großer Bedeutung, niemals zu vergessen, wo ich herkam. Und noch hatte ich nichts Großes erreicht. Dafür hatte ich ein gutes Gefühl. Ich spürte: Wenn ich jetzt keinen Mist baute, dann würde es richtig losgehen.

Große Weichenstellungen: Aufstieg im Sport und Wechsel in die Selbstständigkeit

Die erste Saison in der 3. Spielklasse verlief weitgehend unspektakulär. Ich durfte neunmal dort pfeifen und wurde in sieben weiteren Partien in meiner gewohnten Bayernliga eingesetzt. Dort kam ich zu meiner Überraschung und wohl auch zu der aller beteiligten Coaches ohne Platzverweise aus, und in der Regionalliga verwies ich nur einen einzigen Spieler des Feldes – Dubravko Kolinger vom SSV Jahn Regensburg, einen früheren Bundesligaprofi, im Spiel gegen den VfB Stuttgart II. Ansonsten hielt ich meine Leistung für recht ordentlich, und meine Beobachter sahen das ebenfalls so.

Im zweiten Jahr erhielt ich zehn Begegnungen. Diese Spielzeit endete wenige Wochen vor dem Beginn der Fußball-WM 2006 in Deutschland, und man merkte selbst in den Stadien von Trier, Elversberg oder Koblenz die Vorfreude auf dieses große Ereignis. Auch ich war gespannt, wie sich mein Land als Gastgeber für die Welt machen würde. »Mein« Land deshalb, weil ich mich inzwischen längst als Deutscher fühlte. Ich war und bin sehr stolz auf meine türkischen Wurzeln, die ich nie missen möchte. Dennoch empfand ich nicht nur durch meinen erlernten Beruf sowie durch mein Schiedsrichterdasein viele Dinge wahrscheinlich »deutscher« als mancher Einwohner ohne Migrationshintergrund und verhielt mich entsprechend.

Pünktlicher als ich war vermutlich nicht einmal der sprichwörtliche Maurer.

Am Ende dieser Saison ging es darum, welcher Schiedsrichter künftig in der 2. Bundesliga antreten durfte. Ich befand mich im engeren Kreis derer, die für diese Beförderung infrage kamen, da ich mir keine großen Fehler erlaubt hatte. Es konnte aber genauso gut sein, dass es in diesem Jahr nicht klappte. Hoffnungen machte ich mir dennoch, denn nicht nur wegen der bevorstehenden WM wäre es ein Traum gewesen, es in eine der beiden großen Profiligen zu schaffen. Auch die finanzielle Komponente war nicht ohne – immerhin gab es dort mit 2000 Euro pro Einsatz rund das Dreifache dessen, was ich bislang als Aufwandsentschädigung erhielt. Das Geld jedoch war bis auf die allerersten Jahre, in denen ich jeden Pfennig zur Sicherung meines Lebensunterhalts oder zur Unterstützung meiner Familie brauchen konnte, nie ein Antrieb, diesen Weg zu gehen.

* * *

Einer der besten Regionalligaschiris in diesem Jahr war nach einhelliger Meinung von Beobachtern und von uns Kollegen Sascha Thielert, der im selben Jahr – im Gegensatz zu mir – bereits ein gutes Dutzend Spiele als Assistent in der 2. Liga vorzuweisen hatte. Vor dem Saisonabschluss schienen in der DFB-Zentrale dem Vernehmen nach ordentlich die Köpfe zu rauchen. Allen war klar, dass dieses Mal nur einer von uns aufsteigen konnte. Und Eugen Strigel, seinerzeit oberster Schiedsrichterlehrwart des Landes, konnte sich allem Anschein nach nicht zwischen Sascha und mir entscheiden. Es gab nur eine Möglichkeit:

Er musste uns beide noch einmal aus nächster Nähe begutachten.

Die Gelegenheit ergab sich, da ich – als meine finale Begegnung dieser Saison – Mitte Mai unter der Woche ein Nachholspiel des 23. Spieltags zwischen der TSG Hoffenheim und dem SC Pfullendorf pfeifen sollte. Sascha dagegen war einen Tag später für ein anderes Nachholspiel, nämlich SV Darmstadt 98 gegen VfB Stuttgart II, zum letzten Mal in der Spielzeit 2005/06 eingeteilt. Auf diese Weise konnte uns Strigel beide kurz nacheinander live beobachten und sich ein abschließendes Bild machen. Mein Spiel verlief ohne besondere Vorkommnisse, ich verhängte fünfmal Gelb, und die TSG Hoffenheim, bei der Lorenz-Günther Köstner mittlerweile Hansi Flick ersetzt hatte, gewann im Dietmar-Hopp-Stadion mit 1:0, verfehlte den angepeilten Aufstieg jedoch trotzdem deutlich. Sascha hatte am Böllenfalltor ebenfalls keine Probleme, die Lilien – damals mit Bruno Labbadia an der Seitenlinie – siegten mit 3:1 und wurden kurz darauf Tabellenfünfter.

Direkt nach den Spielen war nicht zu erfahren, für wen sich Strigel schließlich entschieden hatte. Einige Wochen später erhielt ich dann den Bescheid, dass die Wahl auf mich gefallen war. Ich war überglücklich, auch wenn ich nicht wusste, was letztendlich den Ausschlag zu meinen Gunsten gab. Erst viele Jahre später erzählte mir Strigel, was im Mai 2006 seine Beweggründe gewesen waren.

»Sascha hat damals ebenfalls sehr gut gepfiffen«, sagte er am Rande eines Lehrgangs zu mir. »Aber das Gesamtpaket hat uns bei dir besser gefallen.«

Es bewahrheitete sich einmal mehr Madders' alter Leitspruch, dass ein bestimmtes Auftreten mitunter wichtiger sein konnte als die eigentliche Performance. Sascha Thielert dagegen wurde für das folgende Jahr aufgrund seiner herausragenden Leistungen an der Linie sogar zum Assistenten in der 1. Bundesliga berufen, wo er bis heute als Teil des Teams von Patrick Ittrich zum Einsatz kommt und als einer der besten Schiedsrichterassistenten Deutschlands gilt.

* * *

Mein persönliches Sommermärchen begann im Spätsommer 2006. Mit der Beförderung in die 2. Liga ging die Assistententätigkeit mit Günter Perl in der Bundesliga einher, in der ich – wie eingangs beschrieben – einen, nun ja, ausbaufähigen Start hinlegte. Aber auch das Unterhaus war seinerzeit gespickt mit bekannten Namen, die aufregende Erlebnisse in den Stadien versprachen: Aus der 1. Liga waren der 1. FC Köln, der 1. FC Kaiserslautern sowie der MSV Duisburg abgestiegen, dazu kamen Traditionsvereine wie die Offenbacher Kickers, 1860 München und der Karlsruher SC. Als es losging, wartete ich gespannt auf die Meldung, wann und wo ich zum ersten Mal in dieser höheren Spielklasse auf dem Feld stehen durfte. Dass ich das überhaupt konnte, war allerdings keinesfalls selbstverständlich.

Inzwischen hatte ich Anja geheiratet und war bereits mit 24 Jahren Vater einer Tochter geworden. Diese neue Lage stellte uns daheim vor große Herausforderungen, doch meine Frau hielt mir so gut es ging den Rücken frei und arrangierte sich notgedrungen damit, dass ich an den Wochenenden noch mehr unterwegs sein würde als vorher, als die Entfernungen am selben Tag wenigstens gelegentlich zu bewältigen waren. Nun aber galt es, entweder am Abend vor einem Spiel anzureisen oder gegebenenfalls nach dem Spiel über Nacht am Austragungsort zu bleiben, wenn man beispielsweise eines der berüchtigten Montagsspiele »gewann«. Auch die Vor- und Nachbereitung der Ereignisse nahmen nun noch mehr Zeit in Anspruch.

Aus diesem Grund hatte ich bereits zu meiner Regionalligazeit meine Stelle bei Mercedes aufgeben müssen. Aus organisatorischen Gründen war ich in einen anderen Bereich innerhalb des Betriebs gewechselt, nun mehr mit vertrieblichen Aufgaben betraut und dabei dummerweise an einen Vorgesetzten geraten, dem der Fußball in jeglicher Form völlig egal war. Kurzum: Er hatte für meine Sonderschichten auf dem Platz nicht das geringste Verständnis.

»Was soll das heißen, Sie brauchen wieder einen halben Tag frei?«, fragte er mich, nachdem ich ihn einmal mehr darum gebeten hatte, einige Überstunden abbauen zu dürfen, um rechtzeitig zu einem Spiel zu kommen, das in einer englischen Woche stattfand, die es auch im unterklassigen Ligabetrieb hin und wieder gab.

»Ihr privater Zeitvertreib in allen Ehren, aber das geht so nicht, Herr Aytekin. Sie müssen da schon Prioritäten setzen!«

* * *

So ging das einige Male, bis ich mich endgültig zwischen der Arbeit und dem Schiedsrichterwesen entscheiden musste – beziehungsweise dieser Arbeit bei Mercedes und dem Schiedsrichterwesen. Unter dem Strich fiel mir der Entschluss nicht schwer, so sehr ich die Tätigkeit bei Daimler auch wertschätzte. Aber ich benötigte nun einen Job, der mir eine größere Flexibilität für den Lebensbereich ermöglichte, auf den ich in den vergangenen Jahren unglaublich viel Energie verwendet hatte. Nach kurzer Suche fand ich eine Stelle bei der Noris-Bank, die damals als Pionier im Internetbanking galt. Zunächst landete ich in einer Einheit, in der die Kreditanträge der Kunden geprüft und abgearbeitet werden mussten. Frau Eggert, meine Vorgesetzte, wurde schnell auf mich aufmerksam und sah mich im Online-Segment besser aufgehoben. Parallel dazu bot sie mir an, ein berufsbegleitendes BWL-Studium zu absolvieren.

Nun hatte ich endgültig keine Freizeit mehr. Beruf, Studium, Fußball, Familie – das alles zusammen war ein bisschen viel. Aber ich war getrieben von dem Gedanken, dass es meine Kinder einmal besser haben sollten als ich. Und damit meinte ich weniger die wirtschaftliche Komponente. Mir hatte es früher nie etwas ausgemacht, dass ich mir wesentlich weniger leisten konnte als die meisten meiner Klassen- oder Sportkameraden, und eine Pizza hat danach nie mehr besser geschmeckt als die, die ich mir mit Francesco und Dario nach unseren Touren durch die Telefonzellen des Landkreises teilte. Ich meinte vielmehr die Tatsache, dass ich seit der Zeit, während der ich im Marktkauf geputzt, Teller gespült und abends Äpfel von Tür zu Tür verkauft habe, immer am Limit lebte. Das wollte ich meinen Kindern unbedingt ersparen – und musste dafür selbst noch einige weitere Jahre ans Limit gehen.

* * *

Dafür wagte ich einige Jahre vor meinem Zweitligastart sogar den Sprung in die Selbstständigkeit, obwohl ich mich gerade erst bei der Noris-Bank akklimatisiert hatte. Das Kreditinstitut, das mit seinem Produkt »easyCredit« zur allgemeinen Entrüstung gerade erster Namenssponsor des Nürnberger Frankenstadions geworden war, hatte zur Optimierung seiner Internetstrategien einen Mann als Berater eingestellt, der sich als Wegbereiter in diesem Bereich einen Namen gemacht hatte: Stefan Morschheuser, unter anderem Mitbegründer des Buchungsportals hotel.de, das er zu einer Zeit ins Leben rief, in der andere Unternehmen noch nicht einmal wussten, ob sich für sie überhaupt eine Web-Präsenz lohnen würde. Meine Aufgabe bei der Bank war inzwischen, das Online-Kreditgeschäft voranzutreiben. Die Sparte boomte, und zu zweit machten wir in unserer Mini-Abteilung beinahe so viel Umsatz wie zehn Filialen.

»Ich hab' da eine neue Idee«, sagte Stefan eines Tages zu mir, nachdem er mal wieder vom Strategiegespräch mit dem Vorstand zurückgekommen war und mir begeistert erzählte, was ihm eingefallen war.

»Sag mal, willst du dich nicht beteiligen?«

Ich überlegte kurz, aber sein Projekt klang zu interessant, als dass ich nicht den Sprung ins kalte Wasser wagen wollte: Stefan hatte bei einer Recherche neuer Geschäftsideen die neue Webseite keen.com entdeckt. Auf dieser Internetplattform konnten die Nutzer zahlreiche Experten zu verschiedenen Themen wie Psychologie, Finanzen oder Beziehungen per Mail, Telefon oder sogar per Chat kontaktieren und sich Rat einholen. Die ganze Sache war kostenpflichtig, was in unseren Augen ein riesiges wirtschaftliches Potenzial besaß. Also nahm ich kurzerhand einen

Mitarbeiterkredit von 50 000 Euro auf und stieg bei Stefan mit ein. Das war für mich eine unglaubliche Summe, aber es gab Momente im Leben, in denen man einfach bestimmte Dinge tun musste und nicht zu lange über mögliche negative Konsequenzen nachdenken durfte.

Wir gründeten nach dem Vorbild von keen.com eine Seite mit dem etwas sperrigen Namen Expertenzentrale.de. Sogar einen Bewegtbild-Ableger sollte unser Portal bekommen: Auf Zentralvideo.de wollten wir kurze Clips unserer Spezialisten für 5,99 Euro anbieten. Ich erinnere mich noch gut, wie ich mit einer Medion-Videokamera aus dem Sonderangebot in der Aachener Praxis des renommierten Sexualtherapeuten Volker van den Boom saß, den ich für Zentralvideo.de zu Orgasmusproblemen bei Frauen interviewen sollte. Von diesem Thema versprachen wir uns zahlreiche Aufrufe.

»Sagen Sie mal, ist das nicht diese Aldi-Kamera, die Sie da haben?«, fragte mich ein verwunderter Herr van den Boom, der wohl professionelleres Equipment erwartet hatte.

»Ich bin hier nur als Notlösung. Unser Kamerateam ist leider kurzfristig verhindert«, log ich.

Um es kurz zu machen: Zentralvideo.de funktionierte nicht. Wir hatten unterschätzt, dass die Herangehensweise, erst Geld zu verdienen und dann groß zu werden, nicht die richtige Reihenfolge war. Wie es besser laufen konnte, sollte ein Jahr später eine durchaus ähnliche Webseite beweisen, auf der ebenfalls kurze Videos angeklickt und angeschaut werden konnten. Ihr Name lautete Youtube. Statt wie Chad Hurley und seine Youtube-Kumpels Internetmilliardäre zu werden, arbeiteten wir weiter an unserer Expertenzentrale – und merkten, dass dort vor allem juristischer Rat gefragt war, weshalb wir kurze Zeit später anwalt.de ausgründeten; eine Seite, auf der Rechtsbeistände verschiedenste juristische Fragestellungen beantworteten. Und genau das war die zündende Idee! Mittlerweile nutzen das Portal über 2,5 Millionen Ratsuchende pro Monat, und ich würde lügen, wenn ich nicht stolz auf dieses Geschäftsmodell wäre.

Als große Hilfe dabei entpuppte sich zu meinem Erstaunen meine Schwester. Pinar stieg nach einiger Zeit mit in unser Start-up ein und schaffte es in Rekordgeschwindigkeit, sich in der Firma unentbehrlich zu machen. Hätte sie sich nicht mit einer unglaublichen Akribie und Gewissenhaftigkeit in manche hochkomplexe Themen hineingefuchst und eines Tages ganze Einheiten übernommen, hätte ich meine Pfeife ohnehin in die Schublade stecken und meine gelben und schwarzen Trikots für immer in den Spind hängen können. Überhaupt ist der Faktor Zeit bei vielen Kolleginnen und Kollegen ein großes Problem: Für einen voll berufstätigen Menschen ist die Schiedsrichtertätigkeit ab einer gewissen Stufe nahezu unmöglich. Die Lehrgänge, die Reisen sowie die Vor- und Nachbereitung der Spiele nehmen enorm viel Raum ein. Wenn dann noch ein nicht kooperativer Vorgesetzter dazu kommt oder ein eigener Betrieb mit einer hohen wirtschaftlichen und personellen Verantwortung, bleibt einem kaum etwas anderes übrig, als sich irgendwann zwischen den verschiedenen Betätigungsfeldern zu entscheiden. Da aber für einen Schiri in der Bundesliga mit 47 Jahren Schluss ist, ist natürlich klar, wie diese Entscheidung normalerweise ausfällt.

Dank Pinar und Stefan musste ich mich glücklicherweise nicht entscheiden. Beide gewährten mir die Freiheit, die meisten meiner Wochenenden und immer häufiger auch zwei oder drei Tage unter der Woche ganz dem Fußball unterordnen zu können. Sie wussten, wie viel mir meine Passion bedeutete. Umgekehrt freue ich mich jetzt umso mehr, dass Pinar momentan eine andere und viel wichtigere Aufgabe hat, um die sie sich mit derselben liebevollen Sorgfalt kümmern kann wie um unser Geschäft: ihren kleinen, wunderbaren Sohn.

* * *

Dennoch war der Schritt zum selbstständigen Unternehmer eine der besten, aber in gewisser Hinsicht zugleich eine der schlechtesten Ideen meines Lebens. Geschäftlich ging es dadurch schnell bergauf, aber letztlich war dieser Schritt Gift für mein Dasein als Ehemann und Vater. Dadurch, dass es für mich ab diesem Zeitpunkt nur noch die Arbeit und den Sport gab, bürdete ich nicht nur Anja die gesamte Verantwortung für unser Familienleben auf. Ich bekam zudem nicht wirklich mit, wie unsere Tochter aufwuchs – wie sie sich auf dem Kindergartenfasching verkleidete, als wer oder was sie bei Schulaufführungen auftrat oder unter welchem Motto sie ihren Geburtstag mit ihren Freundinnen feierte. Dieser Stachel sitzt bis heute tief. Später, als der ökonomische Teil meines Lebens halbwegs gesichert war, versuchte ich, bei meinem Sohn nicht die gleichen Fehler zu machen. Aber für manche Dinge war es schlichtweg zu spät. Das aber ist eine andere – und leider auch etwas traurige – Geschichte.

* * *

Im Jahr 2006 jedenfalls stand ich schon als selbstständiger Unternehmer auf dem Platz. Nach meinem Fauxpas als Assistent in der Bundesliga in Cottbus wartete ich die nächsten Zweitligaspieltage vergeblich darauf, für eine der jeweils neun Partien eingeteilt zu werden. Die etablierten Kollegen wie Felix Brych, der schon seit 2001 bei den Profis pfiff, oder Lutz Wagner, der längst auch in der 1. Liga zum Einsatz kam, wurden erst mal bevorzugt. Das war nicht weiter ungewöhnlich, vergrößerte allerdings meine Anspannung. Am 4. Spieltag war es dann endlich so weit: Der DFB teilte mir mit, dass ich Paderborn gegen Offenbach pfeifen sollte. Schon bei der Anreise merkte ich, dass mein persönlicher Aufwand im Vergleich zu den bisherigen Reisestrapazen eine völlig andere Hausnummer sein würde: Ich entschied mich dafür, mit dem Zug nach Ostwestfalen zu fahren, um alle Eventualitäten mit Staus, Autopannen oder Straßensperrungen auszuschließen. Da ich viermal umsteigen musste, dauerte jedoch allein die einfache Fahrt knapp sechs Stunden. Damit war das Wochenende gelaufen.

Als ich an diesem 17. September 2006 vor rund 5000 Zuschauern im Hermann-Löns-Stadion entschlossenen Schrittes mit dem Ball unter dem Arm auf den Platz marschierte, neben mir meine beiden Assistenten Christian Leicher und Marco Achmüller und den Mannschaften im Schlepptau, kribbelte es am ganzen Körper. Nicht wegen der eher gemütlichen Atmosphäre in dem kleinen Stadion, das idyllisch im Paderborner Stadtteil Schloss Neuhaus lag und nicht besonders angsteinflößend wirkte. Und auch nicht, weil ich wegen der knapp ein Dutzend Kameras, die das Spiel und damit jede einzelne meiner Entscheidungen live im Pay-TV übertrugen, besonders aufgeregt gewesen wäre. Ich freute mich tierisch darauf, dass sich mein kontinuierliches Engagement ausgezahlt und ich mit knapp 28 Jahren jetzt das erreicht hatte, wovon ich immer geträumt und was sich der seit vier Jahren verstorbene Madders in all den Jahren, in denen er mich begleitete, für mich – und vielleicht sogar ein bisschen für sich – gewünscht hatte.

Ich war auf der großen Fußballbühne angekommen oder zumindest auf deren Vorstufe. Für meinen ersten Auftritt als allein verantwortlicher Unparteiischer in einem Profispiel erhielt ich am Montag im *Kicker* die Note 3,5 – garniert mit der Bemerkung »Zwar keine großen Fehler, aber insgesamt viel zu kleinlich«. Das war nicht schlecht, aber auch nicht richtig gut. Vor allem aber war es eine andere Form der Wahrnehmung, auf diese Weise gesondert erwähnt zu werden. Bislang freuten – oder ärgerten – sich im Maximalfall ein paar Tausend Zuschauer vor Ort über meine Entscheidungen, und die Resonanz über das Stadion hinaus fand, wenn überhaupt, allenfalls in der Lokalpresse statt. Damit konnte ich gut umgehen. Nun aber wehte ein anderer Wind.

* * *

Der Sprung von der Regional- in die 2. Bundesliga war von allen Karriereschritten sicherlich der größte. Das lag nicht ausschließlich an der deutlich höheren medialen Aufmerksamkeit, sondern auch an der Reaktion der Anhänger auf den Rängen: In meinem ersten Jahr leitete ich nur sechs Zweitligaspiele, aber die Partie Koblenz gegen Kaiserslautern, ein rheinland-pfälzisches Derby, zeigte beispielsweise die ganze Wucht der Emotionen, die dieser Sport erzeugen kann. Ich musste den Anpfiff um zehn Minuten verschieben, weil vor dem an diesem Freitagabend restlos ausverkauften Stadion Oberwerth noch Tausende Menschen anstanden und die Polizei bereits im Vorfeld einige heftige Tumulte zwischen den Fangruppen auflösen musste. Und obwohl kaum ein Spieler länger als ein oder zwei Jahre bei einem der beiden Vereine unter Vertrag stand und nicht aus der Region stammte und somit keinen persönlichen Bezug zur Rivalität der Städte besaß, spürte ich auf dem Platz, wie sehr sich die meisten Beteiligten von der aufgeheizten Stimmung mitreißen ließen. Das Spiel selbst war eine langweilige Nullnummer, aber es wurde weit mehr geschubst, gestoßen und gefoult als üblich, sodass ich am Ende acht Gelbe Karten verteilen musste; vier für Koblenz und vier für Kaiserslautern. Sich in einer solchen Umgebung Respekt zu verschaffen und sich weder zuvor noch anschließend von der Berichterstattung verrückt machen zu lassen, musste ich erst lernen.

Kontrollverlust auf dem Platz: Ohne Linie in den ersten Bundesligajahren

Auch 2007/08 durfte ich, diesmal für acht Spiele, als Schiedsrichter in der 2. Bundesliga ran. Parallel dazu konnte ich nach meinem verpatzten Auftakt in Cottbus weiterhin als Assistent Erstligaluft schnuppern, vorwiegend an Günter Perls Seite, und insgesamt in den beiden Saisons 32-mal. Es waren hitzige Spiele in Frankfurt, Schalke, Dortmund und Hamburg darunter. Und nachdem ich an der Linie unter anderem eine für die Fans total überraschende Heimniederlage des BVB gegen Hannover bei Flutlicht erlebt hatte oder einen HSV, der beim Heimspiel gegen den VfL Wolfsburg den sicher geglaubten Sieg Sekunden vor Schluss aus der Hand gab, bekam ich einen nachhaltigen Eindruck davon, unter welch immensem Druck auf diesem Niveau nicht nur die 22 Spieler auf dem Rasen standen oder die beiden Trainer, sondern auch das Unparteiischengespann mit dem Hauptschiedsrichter an vorderster Front.

Immerhin unterliefen mir nach dem Lapsus mit David Jarolíms unentdecktem Handspiel weder als Assistent im Ober- noch als Schiri im Unterhaus keine nennenswerten Pannen mehr, sodass ich damit rechnen durfte, mit dem Beginn der Saison 2008/09 vom DFB als Schiedsrichter für die 1. Liga nominiert zu werden.

»Du bist dabei, Deniz«, sagte mir Eugen Strigel am Telefon. »Ab jetzt pfeifst du Bundesliga.«

Ich hatte großes Glück, dass Markus Merk in diesem Jahr seine Karriere nach sage und schreibe 339 Bundesligaspielen beendete, weil er die damals gültige Altersgrenze von 45 Jahren überschritten hatte. Natürlich war es völlig vermessen anzunehmen, ich könne in Merks Fußstapfen treten. Aber es wurde automatisch ein Platz frei, den der Verband mit mir nachbesetzte. Auch wenn die Überraschung nicht mehr so groß ausfiel wie bei früheren Aufstiegen, war diese Nominierung für mich eine megacoole Angelegenheit. Zum ersten Mal fühlte ich mich so, als hätte ich mein großes Lebensziel endlich erreicht.

Auf den Vorbereitungslehrgang für die anstehende Erstligasaison bereitete ich mich vor wie ein Verrückter. Bereits in den zurückliegenden Wochen schob ich zu Hause eine Extraschicht nach der anderen, rannte durch die Wälder rund um Zirndorf, trainierte für den Muskelaufbau und sprintete Abend für Abend auf dem örtlichen Sportplatz, als wollte ich Usain Bolt Konkurrenz machen, der soeben bei den Olympischen Spielen in Peking über 100 Meter die schnellste Zeit gelaufen war, die jemals ein Mensch erreicht hatte. Ich wollte nichts, aber wirklich gar nichts dem Zufall überlassen. Unmittelbar vor dem Lehrgang fühlte ich mich so fit wie nie. Ich war mir sicher, dass mir meine kleine Schwäche im läuferischen Bereich dieses Mal keinen Strich durch die Rechnung machen würde. Es war ein Irrtum.

* * *

Das Prozedere, das diesmal in der Sportschule Kaiserau in Kamen auf mich wartete, kannte ich schon aus den Vorjahren – nur dass für mich natürlich noch mehr auf dem Spiel stand als sonst. Wenn ich meine Leistung jetzt nicht erbrachte, gab es ausreichend andere talentierte Schiris aus der 2. oder Assistenten aus der 1. Liga, die der DFB ohne Probleme an meiner Stelle für Merk aufrücken hätte lassen können – und es war fraglich, ob ich später jemals wieder eine solche Chance bekäme. Wie üblich, war der theoretische Teil zum Glück kein großes Problem. Das Lernen machte mir noch immer halbwegs Spaß, und die Fragen, die uns gestellt wurden, hatte ich in den Wochen vorher alle mehrfach durchexerziert. Ich war mir sicher, dass ich sogar nachts um drei Uhr gewusst hätte, was auf Seite 99 unten im Regelwerk unter Punkt 17 »Eckstoß« stand: »Wenn der ausführende Spieler den Ball, nachdem er wieder im Spiel ist, erneut berührt, bevor ihn ein anderer Spieler berührt hat, wird ein indirekter Freistoß verhängt.« War doch klar …

Der obligatorische Sprinttest am nächsten Morgen machte mir nach meinem intensiven Training ebenfalls keine Sorgen. Wir sollten zu zweit loslaufen und eine bestimmte Strecke in einer vorgegebenen Zeit schaffen. Mein Nebenmann war Peter Gagelmann, der fast auf den Tag genau zehn Jahre älter war als ich. Das allerdings merkte man auf der Aschenbahn überhaupt nicht: Nachdem mich Gagelmann beim ersten Lauf abgezogen hatte und einige Meter vor mir ins Ziel kam, war mein Ehrgeiz erst recht entfacht. Das konnte ich nicht auf mir sitzen lassen. Ich schwor mir, nun einen Sprint herauszuhauen, den die ehrwürdige Sportschule Kaiserau noch nicht gesehen hatte. Als das Startsignal ertönte, rannten wir gemeinsam los, doch schon nach wenigen Metern spürte ich einen Schmerz, als hätte mir jemand ein Messer in den rechten Oberschenkel gerammt. Als ich auf dem Rücken lag wie ein Maikäfer, sah ich noch Peter leichten Fußes über die Ziellinie rennen. Dann wurde mir klar, dass irgendetwas in meinem Bein kaputtgegangen war.

»Um Himmels willen. Was ist denn passiert?«, fragte Herbert Fandel, der sofort zu mir herübergeeilt kam und nach mir sah. Ich fühlte mich geehrt, dass sich eine solche Persönlichkeit um mich kümmerte, konnte mich aber nicht bewegen. Hätte mir mein Oberschenkel nicht so wehgetan, hätte die Situation durchaus etwas Komisches gehabt, denn mittlerweile waren noch Florian Meyer und Wolfgang Stark gekommen und beugten sich über mich, während ich auf dem Boden lag und hilflos nach oben zu den drei berühmten Kollegen blickte. Kurz darauf hatte jemand einen Hubwagen organisiert, da ansonsten offenbar auf die Schnelle keine andere Transportmöglichkeit aufzutreiben war. Mit vereinten Kräften hoben mich die anderen auf das seltsame Ding und zogen mich in Richtung Gebäude.

Die anschließende Diagnose lautete Muskelbündelriss. Ich bekam absolute Ruhe für die betroffene Körperpartie sowie Schmerzmittel und Kompressionen verordnet, und nachdem die Schmerzen abgeklungen waren, startete ich mit einem leichten Aufbautraining. Das Kapitel Bundesliga ging ja gut los, dachte ich – aber ich hatte bei all dem noch Glück im Unglück, denn ich kam um eine Operation herum, und die Heilung ging schneller vonstatten als gedacht. Knapp zwei Monate später, am 27. September 2008, durfte ich dann doch meine Premiere feiern. Als ich die Ansetzung dieses 6. Spieltags las, zuckte ich zusammen.

Für mich hatte sich der DFB das Spiel Hertha BSC Berlin gegen Energie Cottbus überlegt. Cottbus, da war doch was, gut zwei Jahre zuvor ...

* * *

Alle Neulinge bekamen vom Verband einen Coach an die Seite gestellt, der – so wie Madders früher – mit einem die vorangegangene Leistung analysierte und nach etwaigen Fehlentscheidungen entsprechende Verbesserungsvorschläge gab. Als ich hörte, wer mich unter seine Fittiche nehmen sollte, war ich sprachlos: Es war Aron Schmidhuber, zu dieser Zeit mit 60 Jahren schon so etwas wie die graue Eminenz unter den ehemaligen Top-Referees. Der Mann war dreimal Schiedsrichter des Jahres geworden, hatte mehrere europäische Klub-Endspiele gepfiffen, war bei der WM 1990 in Italien im Einsatz und hätte dort wohl das Finale geleitet, wenn sich nicht ausgerechnet die deutsche Nationalmannschaft für dieses Spiel qualifiziert hätte. Zwei Jahre später wurde er sogar zum »Weltschiedsrichter« gekürt. Es war beinahe so, als hätte man einem Nachwuchskicker Franz Beckenbauer als persönlichen Trainer vermittelt.

Ins Berliner Olympiastadion waren knapp 42 000 Zuschauer gekommen, was für Berliner Verhältnisse recht ordentlich war; das lag aber auch an den vielen Cottbussern, die sich an diesem Samstag auf die kurze Reise in die Hauptstadt gemacht hatten. Bei der Hertha spielten damals bekannte Stars wie Jaroslav Drobný, Arne Friedrich oder Andrij Woronin, und Cottbus war vor diesem Spieltag Tabellenletzter mit zwei Punkten. Die Sache schien also klar zu sein, aber wie das manchmal so ist im

Fußball: Der Außenseiter aus der Lausitz erzielte durch Branko Jelič in der 13. Minute das einzige Tor in diesem Spiel. Was die Berliner auch anstellten, es sollte ihnen nichts gelingen. Cottbus gewann in einem - wie es so schön hieß - niveauarmen Match mit 1:0, und ich war heilfroh, wie unspektakulär mein Debüt über die Bühne gegangen war, das der Montags-*Kicker* mit der ordentlichen Note 2,5 für mich honorierte. Auch Schmidhuber war mit mir zufrieden. Das änderte sich einige Wochen später.

* * *

Am 22. November 2008, dem 14. Spieltag, stand meine vierte Partie auf dem Plan. Der 1. FC Köln, der gerade aus der 2. in die 1. Bundesliga zurückgekehrt war, trat gegen Mitaufsteiger Hoffenheim an. Nachdem meine bisherigen Spiele erfreulich ruhig verlaufen waren - bis auf eine Rote Karte wegen Nachtretens gegen Mesut Özil einige Wochen zuvor -, spürte ich bereits beim Warmmachen, dass hier heute etwas in der Luft lag. Das Stadion war voll, und sofort nach dem Anpfiff war Feuer im Spiel. Mitten in eine von frenetischen Anfeuerungsrufen untermalten Kölner Druckphase hinein erzielte Hoffenheim nach einer halben Stunde das 1:0. Nach der Halbzeit wurde es dann richtig hektisch. Ich schickte erst den Kölner Kevin McKenna nach einem Foul an der Mittellinie mit glatt Rot vom Feld und musste wenige Minuten später Luiz Gustavo mit Gelb-Rot zum Duschen schicken. So etwas wirkte sich nie besonders vorteilhaft auf Spielfluss und Atmosphäre aus, jedenfalls nicht aus Schiedsrichtersicht. Hoffenheim gewann schließlich mit

3:1, ich vergab sechs Gelbe Karten und zwei Platzverweise und hatte gegen Ende ein wenig die Kontrolle verloren.

»Das war nix heute«, sagte Aron Schmidhuber nach dem Spiel zu mir. »Du kannst ein Spiel nicht nur durch Gelbe und Rote Karten leiten.«

Sein Credo war, jenen Akteuren, die es permanent auf Provokationen angelegt hatten, auf eine andere Weise entschlossen entgegenzutreten, um es erst gar nicht so weit kommen zu lassen, dass man binnen 90 Minuten achtmal in die Trikottasche greifen musste. Mit der Einstellung, sich als Schiedsrichter vom ersten Augenblick an grundsätzlich nichts gefallen zu lassen, war er sich mit meinem ersten Lehrmeister Manfred Dölfel prinzipiell einig. Madders hatte mir ebenfalls eingebläut, hart und kompromisslos durchzugreifen, was für ihn allerdings die schnelle Vergabe von Karten mit einschloss. Aron hingegen formulierte seine Herangehensweise so: »Auf dem Platz heißt es von Anfang an tschak, tschak, tschak. Sei konsequent und klar!«

Damit meinte er, dass ich eine mögliche Unruhe bei den Beteiligten durch ein sehr bestimmtes, aber für jedermann verständliches und nachvollziehbares Auftreten gar nicht erst aufkommen lassen sollte. Statt mit Verwarnungen um mich zu werfen, riet er mir, meinen gesamten Ermessensspielraum einzusetzen. Das konnte man seiner Ansicht nach wesentlich effektiver tun, wenn man ab der ersten Sekunde deutlich machte, wer der Chef im Ring war, ohne gleich Gelb für eine kleine Beschwerde seitens eines Spielers zu ziehen. So weit war ich aber noch nicht. Auch der *Kicker* strafte mich nach dem Köln-Spiel mit der Note 4 ab und warf mir vor, ich sei der Kölner Seite gegenüber mit meinen Entscheidungen zu großzügig gewesen. Im Klartext hieß das: Ich hatte keine Linie.

* * *

Danach war ich zunächst konsterniert und verunsichert. Ohne es zu bemerken, war ich zu Beginn meiner Bundesligazeit vor allem mit mir selbst beschäftigt. Die vielen Zuschauer, die Medien, die Spieler mit großen Namen – das alles in der Gesamtheit zu verarbeiten war eine Aufgabe, der ich anfangs nicht gewachsen war. Mir war zwar klar, dass ich als Neuling in der Bundesliga von manchen alten Hasen nach allen Regeln der Kunst ausgetestet wurde, um zu wissen, wie weit sie bei mir gehen konnten. Mein Rezept, damit umzugehen, war aber keine gezielte Deeskalation, sondern volle Lotte dagegenzuhalten.

Die folgenden Spiele verliefen, rein fachlich gesehen, auch nicht schlechter als bei den meisten anderen Kollegen. »Diverse kleine, aber keine spielentscheidenden Fehler«, hieß es etwa nach dem Spiel Wolfsburg gegen Bochum. »Nur mit kleinen Fehlern«, lautete das Urteil nach Bielefeld gegen Frankfurt. »Etwas kleinlich«, schrieb der *Kicker* nach der Partie Hamburg gegen Cottbus. Nichts Dramatisches also, das mein Standing bei den DFB-Offiziellen und meine Beförderung in den erlauchten Kreis der Bundesligaschiris hätte gefährden können. Die Art und Weise jedoch, wie ich immer wieder vor allem den Spielern entgegentrat, war verheerend.

Oft reagierte ich schon von Beginn an total über die Maßen und wertete jede harmlose Äußerung als persönlichen Angriff. Fragte jemand sachlich nach, warum ich eine bestimmte Spielszene so entschieden hatte, drohte ich schon mit einer Verwarnung. Dabei wurde in der Bundesliga auf dem Platz nicht anders kommuniziert als in den unteren Ligen.

»Ey, das war doch Ball gespielt!«

»Nie im Leben Foul!«

»Das kann man doch nicht pfeifen!«

Das waren die typischen, völlig harmlosen Äußerungen, die ich in einem Match etliche Male gehört habe und die man als Unparteiischer selbstverständlich abkönnen muss, auch wenn der Ton im Eifer des Gefechts ab und an nicht den gängigen Knigge-Regeln entsprach. Doch anstatt mit der gebotenen Gelassenheit auf derartige Vorgänge zu reagieren, tat ich so, als sei ich gerade wüst beleidigt worden. Ich schenkte den Spielern weder Gehör, noch beantwortete ich irgendwelche Nachfragen. Stattdessen schickte ich sie mit aggressiven Gesten und harschen Worten fort. Bei all dem berücksichtigte ich leider nicht, dass ich aufgrund meiner Physiognomie ohnehin viel strenger wirkte als zum Beispiel mein ehemaliger Chef Günter Perl, Thorsten Kinhöfer oder Peter Sippel. Ich sah aufgrund meiner von Opa geerbten großen Ohren, der dunklen Augen und 1,97 Metern Körpergröße ohnehin nicht aus wie der gemütliche Onkel von nebenan. Weil sich das aber nicht ändern ließ, hätte ich mich allein schon deshalb viel nahbarer und zugänglicher verhalten müssen. Doch ich tat das Gegenteil – und bekam nicht mit, wie sich hinter den verschlossenen Kabinentüren langsam, aber sicher eine feindselige Stimmung mir gegenüber zusammenbraute.

Die Folge davon war, dass meine Entscheidungen selbst dann nicht akzeptiert wurden, wenn es objektiv an ihnen keinerlei Zweifel geben konnte. Immer wenn ich auf meine

Weise reagierte, schaukelte sich die Stimmung auf dem Platz, auf der Bank und damit auch auf den Rängen erst recht hoch. Nachdem wir im Team am 34. Spieltag beim Spiel Frankfurt gegen den HSV beim entscheidenden 3:2 für Hamburg durch Piotr Trochowski dessen knappe Abseitsstellung nicht erkannt hatten – im Grunde der einzige grobe Schnitzer unseres Gespanns in diesem Premierenjahr –, war ich froh, dass alles für den Moment vorbei war. Ich wollte es in den kommenden Spielzeiten mit Arons Hilfe besser machen. Und machte es dabei unbewusst nur noch schlimmer.

Max Eberl und die Bratwurst: Der unbeliebteste Schiedsrichter Deutschlands

Die nächsten beiden Jahre waren geprägt von meiner Unsicherheit, die ich vor allem über meinen nicht souveränen Umgang mit den Kickern auf dem Rasen kompensierte. Das führte so weit, dass sich die Antipathie vieler Bundesligakicker irgendwann auf die Anhänger mancher Mannschaften übertragen hatte. Es gab Spiele, bei denen hallte schon ein gellendes Pfeifkonzert durch das Stadion, wenn vor dem Anpfiff nur mein Name auf der Anzeigetafel erschien. Diese Abneigung besaß eine Dimension, die ich mir niemals hätte vorstellen können. Ich hatte Zeit meines Lebens gegen Vorbehalte angekämpft und war insbesondere als junger Schiri in den unteren Ligen sicherlich des Öfteren über das Ziel hinausgeschossen. Damals, in den Anfängen, als die Kreisliga-Offiziellen mit den Augen rollten, wenn ich aus meinem Auto stieg, ließ sich das noch mit Madders' altem Spruch »Ein Schiedsrichter muss nicht gemocht werden« abtun. Nun aber ging mir diese geballte Feindseligkeit erstmals nahe. Wenn mir Aron nach dem Spiel in deutlichen Worten erklärte, was er nicht gut fand oder meine Leistung später in der Presse kritisiert wurde, waren das Umstände, mit denen ich gut leben konnte. Beim Gang in die Kabine aber in Hunderte wütende Gesichter zu blicken, fühlte sich hingegen ganz und gar nicht behaglich an.

Am 15. April begann der 30. Spieltag der Saison 2010/11 mit der Freitagsbegegnung Mainz gegen Mönchengladbach. Die Borussia war zur allgemeinen Überraschung seit Monaten Tabellenletzter, hatte aber unter dem neuen Coach Lucien Favre seit der Winterpause eine beachtliche Aufholjagd hingelegt, die den Verein zumindest wieder in die Nähe des rettenden Ufers brachte. Die von Thomas Tuchel trainierten Mainzer hingegen befanden sich auf Europa-League-Kurs und gingen somit als Favorit in die Partie - obwohl sie die letzten sechs Heimspiele nicht gewinnen konnten und Mönchengladbach am vergangenen Wochenende mit einem 5:1-Sieg im Derby gegen Köln aufhorchen ließ.

Spiele unter Flutlicht werden von den meisten Spielern als besonders aufregend beschrieben, während wir Schiedsrichter diese Ansetzungen eher ambivalent sehen. So stimmungsvoll ein volles Stadion bei Dunkelheit auch sein mochte, so sehr barg diese Szenerie die Gefahr, dass sich gewisse Dinge hochschaukelten und die Spielleitung erschwerten. Es hatte schon einen Grund, dass die Polizei stets auf die DFL einzuwirken versuchte, um sogenannte Risikospiele möglichst bei Tageslicht stattfinden zu lassen. Für beide Mannschaften ging es außerdem um viel, von daher war der Puls vor dem Anpfiff bei allen Beteiligten vermutlich deutlich über dem Normalwert - auch bei mir. Trotzdem konnte ich natürlich nicht wissen, wie sehr dieser Abend alles verändern würde.

* * *

Bis auf eine Mainzer Chance durch den jungen André Schürrle bereits nach wenigen Sekunden plätscherte das Spiel eine gute halbe Stunde ereignislos vor sich hin. Nach

26 Minuten glaubte ich, ein Foul des Gladbachers Mike Hanke am Mainzer Abwehrspieler Jan Kirchhoff zu erkennen. Der Betroffene sah die Sache naturgemäß etwas anders und reklamierte lautstark. Anstatt aber, wie von Aron Schmidhuber inzwischen schon so häufig gehört, in solchen Fällen mit Bedacht zu reagieren und Hanke meine Entscheidung konsequent zu erklären, zeigte ich ihm mit großer Geste Gelb. Mehr noch: Ich rannte auf ihn zu und haute ihm die Karte förmlich um die Ohren. Ab diesem Augenblick war die gesamte Gladbacher Ersatzbank auf der Zinne. Bis zur Halbzeit passierte zwar nichts mehr, aber mit meinem übertriebenen Habitus hatte ich es geschafft, ein ohnehin verkrampftes Spiel noch verkrampfter zu machen.

Acht Minuten nach dem Wiederanpfiff kam dann das, was unweigerlich kommen musste: Mike Hanke verlor den Ball in der Nähe der Mittellinie gegen Eugen Polanski und senste den armen Kerl von hinten um. An dieser Verwarnung gab es nicht den Hauch eines Zweifels, und weil Hanke bereits vorbelastet war, musste ich ihn wohl oder übel vom Platz stellen. Und es kam noch schlimmer – aus Gladbacher Sicht, aber auch aus meiner: Eben jener Polanski geriet wenig später im Mainzer Strafraum mit Marco Reus aneinander. Reus fiel – und ich pfiff nicht. Es war von meinem Blickwinkel aus einmal mehr eine klassische »Kann-Entscheidung«, die sich später jedoch nach Begutachtung der Fernsehbilder leider als falsch herausstellen sollte: Ich hätte in dieser Szene Strafstoß für die dezimierten Borussen geben müssen. Stattdessen erzielten die Mainzer drei Minuten vor dem Ende das entscheidende Tor des Tages.

* * *

Diese Dinge passierten immer wieder, es gab noch keinen Videobeweis, der meine Sichtweise hätte überprüfen und gegebenenfalls korrigieren können, und im Laufe einer gesamten Saison musste jeder von uns Schiedsrichtern mit solchen Fehlentscheidungen umgehen. Aber im Zusammenhang mit meinem Ruf, meinem Auftreten und dem sicherlich in diesem Fall nicht optimalen Umgang mit dem Spieler Hanke war für die Mönchengladbacher Verantwortlichen klar, wer der Buhmann des Abends war. Erschwerend hinzu kam, dass sie sich bereits in der Hinrunde bei der 1:2-Niederlage gegen den FC St. Pauli durch mich benachteiligt fühlten, was aber kaum berechtigt war.

»Das ist eine Farce. Wenn er Gelb-Rot gibt, dann muss er Elfmeter geben. Auf einer Seite konsequent und auf der anderen Seite wie eine Wurst«, schimpfte Sportdirektor Max Eberl nach dem Schlusspfiff in das Mikrofon eines TV-Reporters. Derlei Äußerungen entstanden natürlich immer aus der unmittelbaren Emotion heraus, weshalb man sie nicht persönlich nehmen durfte – Interviews nach Spielende enthalten selten besonders gehaltvolle Informationen. Insofern war ich Eberl auch nicht böse, dass er sich derart unsachlich geäußert hatte. Aber die »Wurst« als geflügeltes Wort war jetzt in der Welt, mit teilweise bizarren Folgen.

Der Spruch wurde am nächsten Tag in der Sonntagspresse und der wöchentlichen Stammtischrunde eines TV-Senders und schließlich noch am Montag medial ausgebreitet. Viele Menschen äußerten Verständnis für den Wutausbruch und lachten über die Wortwahl. Der *Kicker* gab mir eine glatte 6, was die Angelegenheit noch komplizierter werden ließ. Im Laufe der Woche rief eine Mönchengladbacher Faninitiative dazu auf, Würstchen an die DFB-Zentrale zu schicken – »zu Händen der Oberwurst Aytekin«. Ziel war es, dass ich »nie wieder ein Spiel der Borussia pfeifen« sollte. »So ist ein Schiri noch nie abgebraten worden«, titelte die *Bild*-Zeitung, und halb Fußballdeutschland lachte sich kaputt. Ich fand das alles weniger komisch. Nur über die Kiste Bratwürste, die irgendjemand direkt an mich nach Hause adressierte, musste ich schmunzeln.

Mit Max Eberl indes war bereits kurz darauf wieder alles in Ordnung. Wir waren alle Sportskameraden und standen manchmal etwas stärker als üblich unter Strom, deswegen durfte man derartige Dinge nie überbewerten. Die Sache war ein gutes Beispiel dafür, dass man auch nach einer solchen Kontroverse den gegenseitigen Respekt füreinander behalten konnte. Heute können wir beide über die Angelegenheit herzlich lachen.

* * *

Zwei Wochen später war die Nummer mit der Wurst zum Glück wieder abgeebbt. Ich leitete mein letztes Spiel in dieser Saison: Köln gegen Leverkusen am 32. Spieltag. Das war an sich schon eine jener Konstellationen, bei denen von Anfang an ordentlich Feuer unterm Dach war. Dieses Mal wurde die Brisanz dadurch verschärft, dass Bayer 04 noch theoretische Chancen auf die Meisterschaft besaß und sich der FC in akuter Abstiegsgefahr befand. Der DFB schenkte mir durch die Ansetzung das Vertrauen und wollte mir den Rücken stärken, aber einen Moment lang fühlte es sich so an, den Haien zum Fraß vorgeworfen zu werden. Dennoch war ich schließlich froh, gleich als Nächstes ein derart wichtiges Spiel zu bekommen, um die

Erlebnisse aus Mainz aus den Knochen zu schütteln. Es war beinahe wie nach einem heftigen Fahrradsturz: Wenn man danach nicht gleich wieder aufstieg, fing man erst recht an nachzudenken und wurde nur noch unsicherer. Allein, es gelang mir nicht.

Nachdem die Kölner mit vereinten Kräften dem Leverkusener Sturmlauf über eine Stunde lang standgehalten hatten, erzielte Milivoje Novakovič wie aus dem Nichts die 1:0-Führung für die Hausherren. Die Gäste warfen nun alles nach vorne, als ich auf einen Freistoß für die Kölner kurz vor dem Strafraum entschied. Petit schoss direkt auf René Adler, der den Ball nur nach vorne abprallen lassen konnte – vor die Füße von Novakovič, der seinen zweiten Treffer erzielte. Was ich im Vergleich zu den Fernsehkameras nicht bemerkte, war, dass der Kölner Stürmer vor seinem Abstaubertor aus einer knappen Abseitsposition kam. Nun fühlte sich Leverkusen benachteiligt, ich bekam erneut eine 6, und es passte alles ins Bild, das in den vergangenen Wochen in der Öffentlichkeit von mir entstanden war. Durch meine zunehmende Verunsicherung war ich aufgrund meiner negativen Außenwirkung zu einem Feindbild vieler Profis geworden, und mit den letzten beiden Spielen hatte ich selbst für wohlwollende Beobachter eine ordentliche Saisonleistung endgültig zunichtegemacht.

* * *

Zweimal im Jahr, kurz nach dem Beginn der Winterpause und dann nochmals unmittelbar nach dem Saisonende, führte der *Kicker* eine Umfrage unter allen Bundesligaprofis durch. Die Spieler sollten dabei die Leistung und den Stellenwert von uns Schiedsrichtern bewerten. Dass die Gladbacher – die sich übrigens in jenem Jahr am letzten Spieltag noch auf den Relegationsplatz retten konnten und nach den beiden Entscheidungsspielen gegen Bochum schließlich in der 1. Liga blieben – und die Leverkusener unter dem Eindruck ihrer letzten Erfahrungen mit mir nicht in Lobeshymnen ausbrachen, war mir klar. Dass aber auch die meisten anderen Lizenzspieler der Meinung waren, ich hätte meinen Job nicht gut erledigt, erschrak mich doch.

Insgesamt hatte ich 15 Spiele in dieser Saison gepfiffen, wovon der größte Teil ohne irgendwelche Beanstandungen über die Bühne ging. Vor den besagten Partien in Mainz und Köln bekam ich sogar ein Sonderlob für meine sichere Leitung bei der 2:4-Heimniederlage des VfB Stuttgart gegen den 1. FC Kaiserslautern am 29. Spieltag – ein schwieriges Spiel, das durch viele Nickeligkeiten leicht außer Kontrolle hätte geraten können. Das aber zählte nicht mehr. Ich wurde zum unbeliebtesten Schiedsrichter des Jahres 2011 »gekürt«, als Nachfolger von Babak Rafati, dem diese zweifelhafte Ehre gleich mehrfach zuteilwurde. Nun musste man als Schiri nicht unbedingt von allen gemocht werden, schon gar nicht auf diesem hohen Level. Aber in diesem Fall war »unbeliebt« gleichbedeutend mit »schlecht«. Im Grunde hieß das, dass die Spieler keinen Respekt vor mir besaßen. Angesichts dessen war es kein Wunder, dass sich selbst bei einem glasklaren Foul, das von mir als solches geahndet wurde, regelmäßig eine Spielertraube bildete und wüst gegen meine Entscheidung protestierte.

Als das Heft mit den Ergebnissen der Umfrage herauskam, wusste ich noch überhaupt nichts davon. Es war nicht so, dass man von der Redaktion auf irgendeine Weise vorgewarnt oder um eine Stellungnahme gebeten wurde. Als ich am Kiosk davon erfuhr, dachte ich nur: »Oh – das wird ordentlich Staub aufwirbeln.« Im Laufe des Tages wurde die Schlagzeile von etlichen anderen Medien aufgegriffen, und auf meinem Handy sammelten sich die Nachrichten. Ich wusste anfangs nicht, wie ich damit umgehen sollte und war wütend, enttäuscht und aufgeregt. Es dauerte einige Tage, bis ich die Sache reflektierter betrachten konnte und mir erste Gedanken darüber machte, was genau eigentlich mit mir passiert war. Fachlich war ich mit mir im Reinen – zumal ich bereits im Jahr 2010 als einer von zehn Deutschen zum FIFA-Referee berufen wurde. Menschlich jedoch schien es ein gewaltiges Problem zu geben. Vor mir lag nun die Sommerpause, in der ich Zeit haben würde, mit der Aufarbeitung zu beginnen.

* * *

Die neue Saison begann jedoch so ähnlich, wie die alte aufgehört hatte. Ich startete am 2. Spieltag mit dem Gastspiel des amtierenden deutschen Meisters Dortmund bei der TSG Hoffenheim. Kurz vor der Pause tackelte der Hoffenheimer Isaac Vorsah den BVB-Stürmer Shinji Kagawa im Strafraum und brachte ihn dadurch zu Fall. Für die meisten Zuschauer sah es nach einem unstrittigen Foul aus, und vermutlich hätte sich kein Hoffenheimer Spieler, Offizieller oder Fan beschwert, wenn ich auf Strafstoß entschieden hätte. Aus meiner Sicht aber ließ sich die Szene so bewerten, dass es sich gerade noch um einen vertretbaren Zweikampf handelte: Das Rechtsprinzip »im Zweifel für den Angeklagten« gilt auch auf dem Fußballplatz.

Dass den Dortmundern meine Auslegung nicht passte, lag in der Natur der Sache, aber offenbar war mein Gehabe noch immer recht kleinlich und wenig souverän. Folglich gingen nach dem Spiel, das die TSG mit 1:0 gewann, dieselben Diskussionen wie am Ende der abgelaufenen Spielzeit weiter.

Am 19. November 2011 befand ich mich in einem Hotel in Wolfsburg und bereitete mich auf meinen bevorstehenden sechsten Einsatz vor – das Niedersachsenderby des heimischen VfL gegen Hannover 96 –, als mich die Info erreichte, das Spiel Köln gegen Mainz sei abgesagt worden. Der für diese Begegnung vorgesehene Kollege Rafati hatte einen Suizidversuch unternommen und wurde in einem Kölner Krankenhaus behandelt. Wie für alle anderen an diesem Wochenende, die es mit dem Fußball hielten, war die Nachricht natürlich ein riesiger Schock – und für uns Schiedsrichter erst recht. Wir waren nur 22 Mann, und natürlich kannte man sich von den Seminaren und Fortbildungen einigermaßen gut. Ohne genau Bescheid über die näheren Umstände zu wissen, konnte ich mir denken, was zu diesem furchtbaren Entschluss beigetragen hatte. Babak hatte durchaus ähnliche Schwierigkeiten in der Außendarstellung wie ich, und es gab nach einigen seiner Spiele Fotomontagen in den Zeitungen, in denen anstelle der Augen zwei Tomaten auf sein Gesicht gezeichnet wurden. An diesem Nachmittag leitete ich eines meiner schlechtesten Bundesligaspiele: Ich bewertete zweimal eine Abseitsstellung falsch, übersah ein Handspiel im Strafraum und lag auch beim Platzverweis für einen Hannoveraner Spieler daneben.

Ob das alles an den erschütternden Ereignissen lag, vermochte ich gar nicht zu sagen. Wahrscheinlich erwischte ich nur einen rabenschwarzen Tag. Aber das seit der Abstimmung vor einigen Monaten an mir haftende Etikett ärgerte mich trotzdem. Nicht weil ich sauer auf den *Kicker* war, der nach den Ereignissen um Babak diese zweifelhafte Kategorie strich, sondern weil ich der Ansicht war, dass es nicht mein tatsächliches Leistungsvermögen widerspiegelte, an dem ich allein die Schuld trug. Es gab zwei Möglichkeiten, mit derartigen Negativerlebnissen umzugehen: Man konnte daran zerbrechen oder wachsen. Ich entschied mich für letzteres und holte mir Unterstützung.

Zeiten ändern dich: Meine Lehren aus der Kritik und der Weg an die Spitze

Die Saison nach der fragwürdigen Auszeichnung war schwierig. Vor allem die nächsten Spiele in Mönchengladbach glichen einem Spießrutenlauf. Selbstverständlich war der DFB den Wünschen der Gladbacher Faninitiative nicht nachgekommen. Trotzdem war ich bei den Anhängern im Borussia-Park nicht gerade der Liebling des Nachmittags. Das Pfeifkonzert gegen mich war so laut, dass ich kaum die Kommunikation per Funk verstand, die während eines Spiels ständig zwischen meinen Assistenten, dem vierten Offiziellen und mir stattfand. Um vor dieser akustischen Wand zu bestehen, versuchte ich, die maximale Körperspannung einzunehmen und Haltung zu bewahren – obwohl ich mich zugegebenermaßen unwohl fühlte. Nicht weil ich Sorge hatte, wegen der Pfiffe unter Druck zu geraten und meine Entscheidungen dadurch beeinflussen zu lassen, sondern weil eine derartige Stimmung schlichtweg unsere Arbeit erschwerte.

»Jungs, das wird heute nicht einfach. Aber wir gehen jetzt da raus und ziehen das durch«, sagte ich zu Martin Petersen und Wolfgang Walz, meinen damaligen Schiedsrichter-Assistenten, beim ersten Spiel nach der »Wurst«-Affäre. Nach wie vor muss ich auf dem Platz das Bild vermittelt haben, als hätte man mir beim Frühstück das Ei weggenommen. Immerhin hatte ich inzwischen festgestellt, dass der mangelnde Zuspruch mir gegenüber nicht vorwiegend auf meinen etwaigen Fehlentscheidungen beruhte, sondern dass hauptsächlich meine negative Ausstrahlung sowie meine abweisende Körpersprache daran schuld waren. Und daran ließ sich arbeiten, auch wenn es eine Zeit lang dauern sollte.

Im Zuge der *Kicker*-Abstimmung hatte mich unter anderem Herbert Fandel beiseitegenommen.

»Deniz, der Name Aytekin polarisiert«, hatte er mir ohne Umschweife gesagt. Herbert zählte zu den Kollegen, die einem immer direkt die Meinung mitteilten, womit nicht jeder gleich gut umgehen konnte. Er hatte allerdings im Laufe seiner langen Karriere ebenfalls Vorbehalte gegen seine Person durch kontinuierliches Arbeiten an sich selbst abgebaut. In seinen ersten Jahren als Bundesligaschiedsrichter geriet Fandel, der interessanterweise als hervorragender Konzertpianist seine eigentliche Berufung fand, immer mal wieder aufgrund seiner Spielführung in die Kritik. Später war er als FIFA-Schiri, der beispielsweise bei der EM 2008 in Österreich und der Schweiz zum Einsatz kam, einer der angesehensten Vertreter unserer Zunft. Im Jahr meines Debüts im Oberhaus musste er seine Laufbahn altersbedingt beenden, seitdem fungierte er bis 2016 als Vorsitzender der Schiedsrichterkommission des DFB.

»Du kommst echt nicht gut rüber«, sagte er in einem ruhigen Moment zu mir. »Stattdessen wirkst du unnahbar auf dem Platz. Das musst du abstellen, sonst werden die dich nie akzeptieren.«

* * *

Aus Herberts Mund klang dieses Urteil besonders hart, denn er selbst war stets als strenger und weitgehend kompromissloser Unparteiischer wahrgenommen worden, der alles in allem in der Bundesliga über 1000 Gelbe Karten vergeben hatte. Wenn nun aber sogar jemand wie er meine Art als unnahbar empfand, war es nur folgerichtig, dass mir auf dem Platz und von den Tribünen wenig Respekt entgegenschlug. Auch Bülent Yıldırım, ein türkischer FIFA-Schiedsrichter, den ich vor Kurzem kennengelernt hatte und der schon seit 2003 in der Süper Lig im Einsatz war und zu den renommiertesten Referees in der Türkei gehörte, redete ohne falsche Rücksichtnahme Tacheles.

»Deine Art ist nicht vertrauensbildend«, sagte er, nachdem er einige Partien mit mir unter die Lupe genommen hatte. »Guck dir nur mal an, wie du auf die Spieler zugehst, wenn du sie verwarnst. Das sieht beinahe so aus, als wolltest du sie mit der Karte erschlagen. Deniz, das kannst du so nicht machen!«

Nach Fandels und Yıldırıms Manöverkritik fing ich noch intensiver an, über mein Verhalten während der 90 Minuten auf dem Rasen nachzudenken. Zumal mich meine Familie, meine Freunde und meine Weggefährten dort immer weniger wiedererkannten. Und auch ich betrachtete anhand von zahlreichen Videos meiner Begegnungen eingehend meine Gestik und Mimik – und erschrak selbst. So verbissen, ungestüm und brachial wie der Typ dort auf dem Platz war ich als Mensch nicht. Und ich mochte erst recht niemand sein, der andere auf diese Weise einschüchterte, nur um selbst die Kontrolle zu behalten. Alles, was ich wollte, war, respektiert zu werden, damit ich alle Beteiligten ruhig und abgeklärt durch das Spiel führen konnte. Das konnte ich durch Anschreien, weit aufgerissene Augen und eine Körpersprache, bei der sämtliche Adern am Hals hervortraten, jedoch kaum erreichen.

Nach meinem Selbststudium war mir endgültig klar, woran ich dringend arbeiten musste, wenn ich aus der Ecke herauskommen wollte, in die ich mich in den vergangenen zwei, drei Jahren selbst hineinmanövriert hatte. Dafür ging ich die Kollegen durch, die bei Spielern und in der Öffentlichkeit im Unterschied zu mir ein entgegengesetztes Standing besaßen. Also sah ich mir viele Spiele anderer Schiris an, analysierte deren Verhalten und landete am Ende bei Florian Meyer, der in der Szene extrem beliebt war, ohne als durchsetzungsschwach oder nachlässig zu gelten. Selbst nach einer seiner wenigen strittigen Entscheidungen verhielten sich die Betroffenen anders als bei mir. Es gab kaum abfällige Gesten, kein endloses Lamentieren und nur äußerst selten unübersichtliche Situationen oder Rudelbildungen, die sich in diesem hochemotionalen Sport sowieso nie komplett vermeiden lassen. Bei Florian beobachtete ich schlicht eine enorme Wertschätzung allen Protagonisten gegenüber, die man während jeder Sekunde einer Begegnung spüren konnte. Und egal, ob internationaler Superstar oder unbekanntes Nachwuchstalent: Er behandelte alle gleich. Und das schienen ihm die Spieler auf gleiche Weise zurückzugeben. Das war der Schlüssel!

* * *

Natürlich war es nicht möglich, meine eingefahrenen Gewohnheiten von einem auf den anderen Tag abzulegen, dafür war ich längst nicht selbstsicher genug. Aber ich bemühte mich, in den nächsten Monaten einige erste Veränderungen vorzunehmen und entsprechend umzusetzen. Das fing bei Kleinigkeiten an: Wenn ein Spieler in der Hektik des Augenblicks einen etwas rüderen Ton anschlug und mich von der Seite anmaulte, versuchte ich trotzdem ruhig, cool und sachlich zu bleiben.

»Ey Mann, warum hast du das gepfiffen?«, wurde ich zum Beispiel pro Spiel sicherlich ein paarmal gefragt, ohne dass der Fragensteller irgendeine Höflichkeitsfloskel verwendete. Zuvor hätte ich den Mann im besten Fall in einer brüsken Art mit einem Satz wie »Lass mich in Ruhe!« weggeschickt oder ihn gleich verwarnt. Nun gab ich ihm eine Antwort: »Na, weil es ein Foul war.«

Das genügte meistens schon, um die Luft herauszulassen. Schon der amerikanisch-israelische Psychologe Daniel Kahneman, der für seine Veröffentlichungen wie *Schnelles Denken, langsames Denken* den Nobelpreis für Wirtschaftswissenschaften erhielt, konnte in einem Experiment nachweisen, dass Menschen Entscheidungen besser anerkennen, wenn sie eine Erklärung dazu erhalten. Die kann noch so banal sein, doch das reicht aus, damit sich der Empfänger ernstgenommen fühlt. Bei mir aber waren Beschwerden an der Tagesordnung, ganz gleich, wie eindeutig und unstrittig die vorangegangene Spielszene war.

Je mehr ich mich mit Denkansätzen wie denen von Kahneman beschäftigte, desto weniger wunderte ich mich darüber, dass ich mit meinen Handlungen bislang nur auf eine sehr geringe Akzeptanz stieß. Das Thema ließ mich nicht mehr los. Ich las nun vermehrt Bücher über Persönlichkeitsentwicklung und Psychologie. Anhand solcher Anleitungen arbeitete ich Schritt für Schritt an meiner emotionalen Intelligenz und meinem Empathieempfinden. Ich stellte fest, bislang nicht angemessen genug auf mein jeweiliges Gegenüber eingegangen zu sein. Diesen Punkt musste ich jedoch erreichen, wenn ich einen stärkeren Konsens erzeugen wollte. Das zu schaffen war ein langer Prozess, der vielleicht auch heute noch nicht hundertprozentig abgeschlossen ist. Die Erkenntnis aber, dass es so war, bedeutete den ersten und wichtigsten Schritt. Die große Kunst war, meine eigenen Emotionen insoweit zu kontrollieren, dass ich die der anderen überhaupt erst wahrnehmen konnte.

* * *

Es gibt heute noch Momente, in denen ich alle theoretischen Grundsätze kurz ad acta legen und verbal die Grätsche oder eben eine Karte auspacken muss. Wenn ein Trainer die Wasserflasche mitten aufs Spielfeld schleudert, Beleidigungen quer über den Platz gebrüllt werden oder mir ein Spieler innerhalb der ersten 30 Minuten zum fünften Mal schräg von der Seite mitteilt, dass er mein Urteil für Unsinn hält, dann vergesse ich für einen Augenblick alle schlauen Anschauungen und werde sehr deutlich. Der Unterschied zu früher allerdings ist, dass auch eine solche Ansage von mir nicht mehr herablassend oder belehrend herüberkommt, sondern nur unmissverständlich. In der Regel ist dann im nächsten Augenblick alles wieder vergessen und man gibt sich bei nächster Gelegenheit einen freundschaftlichen Klaps.

Emotionen sind wichtig, auch und gerade im Sport, aber sie entschuldigen nicht alles. Wir müssen uns immer der gesellschaftlichen Vorbildfunktion des Fußballs bewusst sein. Wenn in der Bundesliga das respektvolle Miteinander verloren geht, brauchen wir uns nicht zu wundern, wenn schon im Nachwuchsbereich Sodom und Gomorrha auf den Plätzen herrscht und sich junge Menschen nicht mehr für eine Schiedsrichterlaufbahn begeistern lassen aus Angst, jedes Wochenende im schlimmsten Fall etwas auf die Mütze zu bekommen.

* * *

Entscheidungen jeder Art werden, das begann ich peu à peu zu verinnerlichen, nicht im luftleeren Raum überbracht. Bei einer persönlichen Übermittlung, wie sie im Fußball unumgänglich ist, nehmen der Betroffene ebenso wie die Fans im Stadion oder die Zuschauer vor den Fernsehgeräten neben dem Inhalt der Nachricht auch die Mimik und die Gestik des Entscheiders wahr. Umso wichtiger war es, dass ich mich endlich mehr in die Position des Betroffenen hineinversetzte und dies in meinen nonverbalen Kommunikationsmitteln berücksichtigte. Auf gut Deutsch: Ich musste aufhören, wie ein Berserker auf die Leute zuzurennen und sie gewissermaßen für alle sichtbar zum Schafott zu führen. Stattdessen musste ich mehr Empathie in meine Aktionen einfließen lassen. Dann würden sich schrittweise mein Ruf und meine Glaubwürdigkeit verbessern.

Die Arbeit daran war ein jahrelanger, intensiver und sicherlich von einigen Rückschlägen gekennzeichneter Prozess. Aber eines Tages hatte ich meinen eigenen Weg gefunden – und konnte ihn immer öfter unter Beweis stellen. In diesem Zusammenhang erinnere ich mich gut an das Spiel des FC Schalke, der am 14. Spieltag der Saison

2016/17 zu Hause gegen Bayer Leverkusen antrat. Einer der Schalker Verteidiger war Naldo, der gerade erst mit viel Aufhebens vom VfL Wolfsburg nach Gelsenkirchen gewechselt war. Trotz eines sehr durchwachsenen Schalker Saisonstarts avancierte der Brasilianer schnell zum Publikumsliebling. Doch an jenem grauen Novembersonntag verhinderte er nach nur 204 gespielten Sekunden eine klare Torchance, weil er nach dem Fehlpass seines Mitspielers Sead Kolašinac den allein aufs Schalker Tor zulaufenden Chicharito umriss. Es war kein grobes Foul, eher eine leichte Berührung, die bei diesem hohen Tempo logischerweise den Sturz des anderen verursachte. In jeder Partie passierten zehn oder 20 weitaus schmerzhaftere Zweikämpfe, die nicht immer geahndet werden mussten. Hier aber blieb mir aufgrund der Eindeutigkeit der Regel keine andere Wahl: Naldo war letzter Schalker Feldspieler vor dem eigenen Torhüter, deshalb konnte es nur Rot geben. Es war der zehntschnellste Platzverweis der Bundesligageschichte. Hätte ich ihn nicht ausgesprochen, wäre ich vermutlich nach dem Spiel vom DFB angerufen und gefragt worden, ob ich mein Regelbuch verschlampt hätte.

* * *

Für jeden Schiedsrichter waren solche Momente stets unangenehm. Bei aller Neutralität war mir bewusst, dass die nominelle Dezimierung einer Mannschaft nach einer so kurzen Spieldauer nicht nur bei Naldo selbst, sondern auch bei seinen Mitspielern, der gesamten Ersatzbank und selbstverständlich den allermeisten der über 60 000 Zuschauer in der Arena zu einem riesigen Unmut führen würde, dessen Auslöser der Unparteiische mit seiner vermeintlichen Rigorosität war. Niemand, der es mit dem FC Schalke hielt, würde sich die Mühe machen, unbefangen auf diesen Sachverhalt zu blicken. Stattdessen fühlte sich ganz Königsblau von Anfang an benachteiligt. Und diese Gemengelage konnte sich negativ auf den Spielverlauf auswirken.

Nachdem die Entscheidung als solche kraft Reglement feststand, gab es nun die Option, die Rote Karte geradezu zu zelebrieren und den armen Sünder dadurch noch mehr bloßzustellen; so, wie ich es vielleicht vor einigen Jahren getan hätte. Die Folge davon wäre nicht nur gewesen, dass Naldo sich bis in alle Ewigkeit an den aufgeblasenen Idioten erinnert hätte, der ihn seinerzeit öffentlich gedemütigt hatte, sondern auch, dass die Schalker Fans das restliche Spiel in Bezug auf mich endgültig hohlgedreht und die gesamte Atmosphäre sich immer weiter hochgeschaukelt hätte, bis meine Akzeptanz auf dem Feld komplett gefährdet gewesen wäre.

Ich konnte aber auch so viel Mitgefühl zeigen, wie es mir als Schiri möglich war und durch meine Herangehensweise den Fokus von mir ablenken. Also machte ich ein verständnisvolles Gesicht und zuckte mit den Schultern. Dabei sah ich dem Spieler an, dass er selbst genau wusste, welche Konsequenz seine Aktion haben musste. Die fällige Rote Karte schleuderte ich nicht durch die Gegend, sondern zog sie langsam und geradezu widerwillig aus der Tasche. Danach nahm ich Naldo in den Arm und begleitete ihn ein Stück hinaus. Dadurch richtete ich die Aufmerksamkeit der Außenstehenden von mir zurück auf den Verteidiger. Die anfängliche Wut der Schalker Fans auf mich wandelte sich in dasselbe Mitleid mit ihm, das ich ebenfalls signalisierte. Bei all dem musste ich mich nicht einmal verstellen, denn in diesem Augenblick tat mir Naldo tatsächlich leid. Wer als Schiedsrichter froh war, jemanden zu bestrafen – sei es aus einem übersteigerten Machtgefühl heraus oder aus purer Schadenfreude –, der war ohnehin im falschen Metier. Nur früher traute ich mich nicht, dieses Einfühlungsvermögen zu zeigen.

* * *

Derartige Gesten wurden allmählich schon zu einem meiner Markenzeichen. Ich lachte viel mit den Spielern, verzichtete auf pathetische Bewegungen und zeigte Anteilnahme, wenn etwas schiefgegangen war: situativ, entspannt, nicht aufgesetzt, sondern stets authentisch.

* * *

Und ich versuchte, meine Körpersprache auch in anderer Hinsicht zu optimieren – indem ich zum Beispiel etwaige Ermahnungen für jedermann sichtbar vornahm, bevor ich eine Sanktion aussprach. Dadurch konnte ich eine mögliche anstehende Entscheidung weitestgehend vorhersehbar machen. Meistens setzte ich dieses Mittel gleich am Anfang eines Spiels ein, um die Akteure frühzeitig für derartige Aktionen zu sensibilisieren.

In einem weiteren Spiel mit Bayer Leverkusen, das bei Hertha BSC Berlin gastierte, waren zwei Spieler im Strafraum der Berliner weniger mit dem anstehenden Eckball für Bayer 04 beschäftigt als damit, gegenseitig die Reißfestigkeit ihrer Trikots zu überprüfen. Sie zogen und schoben sich durch den Fünfmeterraum wie beim Freistilringen. Wie der Kampf ausgehen würde, war unklar: Es war möglich, dass der Hertha-Verteidiger zu Boden ging – dann hätte es eben Freistoß gegeben. Wenn aber, was genauso wahrscheinlich war, der Leverkusener umfiel, lautete die Konsequenz unweigerlich: Elfmeter. Ohne Vorwarnung war eine breite Akzeptanzdiskussion auf dem Platz und auf den Rängen die logische Folge. Also stoppte ich die Ausführung der Ecke und ermahnte die Spieler so, dass es jeder im Olympiastadion kapierte. Hätte es dann einen Elfer für die Gäste gegeben, wäre aller Voraussicht nach der begriffsstutzige Verursacher im Brennpunkt gestanden, der meine Hinweise nicht verstand – und nicht der böse Schiri.

Auch bei wiederholtem Foulspiel bot es sich an, die Beteiligten mitzunehmen. Sobald ich bemerkte, dass ein Spieler regelmäßig auffällig wurde, nahm ich eine Ansprache mit Gestik und Mimik vor, bei der die Häufigkeit der Vergehen im Vordergrund stand. Ein gutes Mittel, das ich mir aneignete, war, während der Ermahnung auf die verschiedenen Orte der bisherigen Fouls zu zeigen. Das erforderte zwar ein gutes Erinnerungsvermögen und etwas Übung. Aber auf diese Weise wurde eine spätere Verwarnung ebenfalls transparent und nachvollziehbar – und nahm viel Wind aus den Segeln.

* * *

Durch diese verschiedenen Maßnahmen stieg meine Reputation nicht nur bei den Profis, sondern auch bei den Anhängern, den Medien und den Offiziellen. Dabei hatte sich meine objektive Leistung gar nicht wesentlich verbessert. Natürlich stiegen mit jeder weiteren Partie meine

Erfahrungswerte, wodurch sich manche Abläufe immer besser einschliffen oder gar perfektionierten. Ich machte aber immer noch Fehler, wie ich sie vorher auch beging – weil sich glücklicherweise keine Unfehlbarkeit erlernen lässt. Und das besagte Schalke-Spiel mit dem frühen Rot für Naldo beinhaltete ebenfalls ein übersehenes gelbwürdiges Foul von Chicharito sowie eine möglicherweise zu harte Freistoßentscheidung gegen Thilo Kehrer. Dennoch verstummten irgendwann die Pfiffe von den Rängen, wenn mein Name auf der Videowand aufleuchtete, und die Verantwortlichen verdrehten bei den Ansetzungen nicht mehr die Augen, sondern freuten sich, dass der DFB dem Spiel anscheinend eine gewisse Bedeutung beimaß, wenn er mich schickte. Das fühlte sich natürlich sehr gut an.

Solche Erlebnisse machten mich in gewissem Maße stolz – ebenso der Titel »Schiedsrichter des Jahres«, den mir der Verband im Jahr 2019 verlieh. Auch wenn ich nicht allzu viel auf solche Etiketten gab, weil ich einerseits wusste, dass dazu immer eine gute Portion Glück gehörte und ich andererseits die Schnelllebigkeit dieses Geschäftes richtig einschätzen konnte, betrachtete ich das Prädikat als Bestätigung meiner harten Arbeit an mir selbst. Und ich war eitel genug, um es cool zu finden, nun in einer Ahnenreihe mit Walter Eschweiler, Wolf-Dieter Ahlenfelder oder meinem Mentor Aron Schmidhuber aufgeführt zu werden. Doch noch mehr überraschte mich eine andere, inoffizielle Auszeichnung.

Am Morgen des 20. Juli 2020 – nach meinem inzwischen zwölften Jahr in der Bundesliga – hatte ich einen Termin bei meinem Sportmediziner Dr. Jochen Gruber. Als er mich aufrief, empfing er mich im Behandlungszimmer mit einem triumphierenden Lächeln.

»Herzlichen Glückwunsch, Herr Aytekin. Das ist ja ein Ding!«

Ich verstand nicht so recht, was er von mir wollte, denn ich hatte erst am nächsten Tag Geburtstag.

»Haben Sie denn noch nicht den heutigen *Kicker* gelesen?«, fragte er mich ungläubig. »Das gibt's ja nicht. Hier, schauen Sie mal«, sagte er und schob mir das aktuelle Heft über den Tisch.

Die Redaktion der Fußballzeitschrift hatte ihre traditionelle Umfrage nach dem Saisonende auch dieses Mal wieder durchgeführt und nach dem formstärksten Torhüter, dem überraschendsten Aufsteiger und der Akzeptanz des Videobeweises gefragt. Und, wie gehabt, nach dem besten Schiedsrichter. In den Vorjahren hatte dabei stets Manuel Gräfe das Ranking gewonnen. Dieses Mal aber war ich von den 270 befragten Profis gekürt worden, mit mehr als 43 Prozent. »Wachablösung« titelte das Magazin und schrieb, das Votum der Spieler decke sich mit der Einschätzung des *Kicker*. Ich musste schmunzeln. Darüber, wie sich die Dinge doch verändern können, wenn man mit Einsicht und Einsatz an bestimmte Unzulänglichkeiten herangeht. Und darüber, wie schnell die Zeit verging. Das Umfrageergebnis von vor neun Jahren erwähnten die Redakteure in dem Artikel übrigens nicht.

Vom Umgang auf dem Platz: Warum Vedad Ibišević nicht İlkay Gündoğan ist

Menschen mit wenig bis gar keine Manieren gibt es leider überall, das ist kein Privileg des Fußballs. Umgekehrt trifft man zum Glück auch und gerade in diesem Sport immer wieder auf äußerst angenehme, intelligente und wohlerzogene Menschen. Ich bin mir sogar sicher, dass die heutige Spielergeneration manches deutlich vielschichtiger reflektiert, als das vielleicht noch vor 20 oder 30 Jahren der Fall war. Klar verdient man inzwischen unter Umständen das Zigfache dessen, was früher einem Erst- oder Zweitligaprofi bezahlt wurde. Auf der anderen Seite ist die Höhe des Einkommens kein Gradmesser für das Benehmen.

In meinen vielen Jahren als Schiedsrichter stellte ich fest, dass mit sicherlich 99 Prozent aller Spieler trotz aller Emotionen auf dem Platz eine problemlose Kommunikation möglich war. Das restliche eine Prozent machte einem das Leben manchmal schwer, aber das musste man aushalten. Mir war es jedenfalls in den vergangenen Jahren enorm wichtig, einen respektvollen Umgang miteinander auf dem Platz hinzubekommen, der dann die Basis für alles Weitere bildete. Das war nicht immer ganz leicht, weil allein durch die immer weiter gestiegene mediale Aufmerksamkeit auch kleine Dinge einen viel größeren Stellenwert bekamen als zuvor üblich. Wir alle standen ständig unter Beobachtung. Das erzeugte natürlich Spannungen, die sich auf dem Spielfeld entladen konnten. Trotzdem war es mir zu einfach, jedes noch so bescheuerte Auftreten auf die Last abzuwälzen, die durch die Einbeziehung der Öffentlichkeit in das eigene Tun entstand. Dazu waren die Beteiligten in diesem Business zu privilegiert.

»Hör doch auf, dauernd gegen uns zu pfeifen! Du kannst dir nicht vorstellen, unter welchem Druck ich stehe«, rief mir einmal ein Trainer zu, nachdem ich während der Geisterspielphase eine in seinen Augen ungerechtfertigte Entscheidung gegen seine Mannschaft getroffen hatte. Klar, der Mann war aufgrund einer kleinen Niederlagenserie zuletzt in die Kritik geraten. Aber er hatte zuvor schon etliche andere Teams trainiert, gehörte zu den am etabliertesten Persönlichkeiten der Branche und würde – mal abgesehen von der finanziellen Komponente – nach einem etwaigen Jobverlust sicherlich schnell eine neue Aufgabe finden. Da ich seinen Spruch aufgrund der fehlenden Zuschauer über den ganzen Platz hörte und sich der Coach schon mehrfach lautstark über meine Entscheidungen beschwert hatte, wurde es mir zu bunt, und ich lief an die Seitenlinie.

»Du stehst also unter Druck?«, fragte ich ihn. »Weißt du, wer wirklich unter Druck steht? Der Familienvater, der wegen der Corona-Situation momentan nicht weiß, wie er nächsten Monat die Miete für die Wohnung bezahlen soll.«

Dann war Ruhe.

* * *

Einer der größten Fehler, den ein Schiedsrichter machen konnte, war, alle 22 Spieler auf dem Platz völlig gleich zu behandeln – wie ungelehrige Schüler etwa, die es zu erziehen galt. Damit machte man es sich viel zu einfach und zeigte das mangelnde eigene Interesse an jenen Menschen, die man souverän durch die Unwägbarkeiten eines spannungsgeladenen Fußballspiels führen wollte. Mir war es deshalb wichtig, auf die vielen einzelnen Charaktere einzugehen, die mir während eines Spiels begegneten. Um es plump zu formulieren: Mit einem Vedad Ibiševič konnte man nicht auf dieselbe Weise reden wie mit einem İlkay Gündoğan. Nicht, dass ich falsch verstanden werde: Beide habe ich als sehr angenehme und umgängliche Typen kennengelernt – wenn auch mit sehr unterschiedlichen Ausprägungen ihrer Persönlichkeit. Und zu der gehörte es eben, dass jemand wie Ibiševič eine eher, sagen wir mal, unkonventionelle Ansprache wählte, um mit mir in Kontakt zu treten. Manche Menschen sind eben heißblütig und aufbrausend, andere eher zurückhaltend und bedacht. Respektvoll kann jedoch beides sein.

Nur selten musste ich mich über einige Verhaltensweisen von Spielern ärgern. Bei einer Partie vor einigen Jahren stand jemand auf dem Platz, der kurz zuvor seine erste Berufung in die Nationalelf erhalten hatte. Der junge Mann ließ sich von der Bank ein Energie-Gel geben, das er auf dem Platz auspackte und zu essen begann. Wenige Sekunden später kam er zu mir herübergelaufen und drückte mir wortlos die Verpackung in die Hand. Im ersten Moment war ich sprachlos angesichts der Dreistigkeit, seinen Müll bei mir entsorgen zu wollen. Dann fand ich meine Fassung wieder.

»Hab' ich eine Schürze an oder was? Wirf das bitte selbst weg«, sagte ich zu ihm.

»Wie redest du denn mit einem Nationalspieler?«, blaffte er zurück.

Bei solchen Sprüchen gingen bei mir sämtliche Lichter an. Ich dachte immer daran, wie meine Mutter - und auch ich - früher geputzt hatten und wie es mich störte, wenn andere Menschen sich offenkundig für etwas Besseres hielten, nur weil sie mehr Geld verdienten oder das unglaubliche Glück hatten, zur richtigen Zeit am richtigen Ort gewesen zu sein. Wäre dieser Bursche nicht von irgendeinem Scout entdeckt worden, hätte er womöglich ebenfalls irgendwo als Reinigungskraft arbeiten müssen. Für mich war er noch lange kein höhergestellter Mensch, nur weil er stattdessen ein Fußballtrikot trug.

»Du nimmst das jetzt und schmeißt es selbst weg. Sonst wirst du mich kennenlernen!«, herrschte ich ihn an und setzte ausnahmsweise wieder jenen Blick ein, den ich eigentlich schon aus meinem Repertoire entfernt hatte. Der Spieler tat wie ihm geheißen und trollte sich wieder. Ob er meine Lektion wirklich begriff, konnte ich nicht sagen. Wenn wir uns bei späteren Begegnungen wiedersahen, verhielt er sich sehr kleinlaut, aber was vor und nach einer Partie passierte, wusste ich natürlich nicht.

* * *

Auch von Mario Gómez war ich einmal etwas enttäuscht. Er war 2018 zu seinem Stammverein VfB Stuttgart zurückgekehrt und im Heimspiel gegen den SC Freiburg mit dem Beginn der zweiten Halbzeit eingewechselt worden. Ich kannte ihn als einen erfahrenen und besonnenen Akteur, der nicht zu unfairen Methoden neigte. Doch an diesem Nachmittag ging er etwas übermotiviert zu Werke und setzte ständig seine Ellenbogen im Zweikampf ein. Weil mir das irgendwann zu bunt wurde, verwarnte ich ihn in der 85. Minute. Ein Spieler seiner Klasse würde, da war ich mir sicher, das Signal so zu deuten wissen, dass er bis zum Abpfiff einen Gang zurückschaltete. Aber nur vier Minuten später rempelte er erneut seinen Gegenspieler regelwidrig um. Ich musste ihm die Ampelkarte zeigen.

Gómez war fassungslos, dass ich ihn vom Platz stellte. Zu allem Überfluss kassierte der VfB zu zehnt kurz vor dem Ende noch den Ausgleich. Als ich zusammen mit meinen Assistenten Christian Dietz und Eduard Beitinger in der Kabine saß, um das Spiel gemeinsam zu besprechen, kam er herein und beschwerte sich vehement.

»Ich hab' in meiner ganzen Karriere noch nie Rot gesehen«, sagte er. »Das war das allererste Mal!«

»Es tut mir leid, aber einmal ist immer das erste Mal«, antwortete ich. »Das war zweimal Ellenbogen, da blieb mir gar nichts anderes übrig, als so zu entscheiden. Tut mir leid.«

»Aha. So sieht also türkische Rache aus«, sagte er noch – und meinte damit das Hinspiel vor vielen Monaten, nach welchem er meine Leistung öffentlich kritisiert hatte. Ich konnte mich gar nicht daran erinnern und hielt folglich seinen Vorwurf für Unsinn. Gefühle wie Rache waren mir ohnehin stets fremd. Also gab ich ihm die flapsige Antwort, dass ich mich nicht einmal an mein gestriges Abendessen erinnern konnte.

Nun war es nicht schlimm, dass sich ein Profi nach dem Spiel bei mir nach den Gründen für eine Entscheidung erkundigte oder sich ungerecht behandelt fühlte. So etwas kam öfter vor, und meistens ließ sich ein solcher Zwiespalt durch ein klärendes Gespräch ein für alle Mal aus der Welt schaffen. Mario aber verließ unsere Kabine und erzählte draußen den wartenden Reportern Wort für Wort, was er soeben mit mir durchgegangen war.

»Wenn es einmal Gelb gibt, dann ist es so. Aber in vier Minuten eine Gelb-Rote Karte zu geben: Das muss man schon wollen«, diktierte er den Journalisten in die Blöcke. »Ich habe ihm gesagt, er hat sich das Hinspiel gut gemerkt. Doch Aytekin hat nur gesagt, er wisse nicht mal mehr, was er gestern gegessen habe.«

Es war ein ungeschriebenes Gesetz, dass das, was in der Kabine besprochen wurde, auch darin blieb – egal, wie sehr die Gefühle hochkochten. Das hatte Gómez in diesem Moment gebrochen, was ich schade fand, denn er hätte es überhaupt nicht nötig gehabt, sich auf diese Weise zu äußern. Es war unsere bislang letzte Begegnung – und nach seinem Karriereende habe ich ihn nicht mehr getroffen, sodass wir die Sache nicht mehr aus der Welt schaffen konnten. Aber vielleicht passiert das irgendwann noch mal.

* * *

Auf dem Platz gibt es einige allgemeingültige Umgangsformen, die nirgendwo konkret niedergeschrieben sind, die aber trotzdem von uns Schiedsrichtern eingehalten werden sollten. Dazu gehört, dass wir Spieler nicht duzen sollen. Offen gesprochen finde ich diese Regel etwas seltsam. Erstens sind wir alle Sportler, und ich kenne privat niemanden, der sich auf einem Sportplatz siezen würde. Und zweitens hängt die jeweilige Anrede von den äußeren Umständen ab. Als junger Schiri hatte ich großen Respekt vor manchen Spielerpersönlichkeiten, die seit vielen Jahren konstant hohe Leistungen erbrachten und die ich deshalb nicht allzu jovial ansprechen mochte. Den Respekt habe ich zwar immer noch, aber mit fast Mitte vierzig fände ich es albern, jemanden mit »Sie« zu betiteln, der altermäßig mein Sohn sein könnte. Deswegen bleibe ich zu 99 Prozent beim »Du« und habe kein Problem damit, ebenfalls geduzt zu werden. Wer sich vor allem über die Form der Anrede definiert, hat in meinen Augen ohnehin einen Minderwertigkeitskomplex.

Darüber hinaus sollen wir möglichst keine Spieler anfassen. Wenn aber jemandem wie dem damaligen Kölner Dominique Heintz nach der 2:3-Niederlage gegen den SC Freiburg klar wurde, dass sein Verein soeben abgestiegen war und hemmungslos zu weinen begann, dann konnte ich nicht anders, als ihn in den Arm zu nehmen. Das war doch nur menschlich. Und niemand beim Verband hat sich jemals über solche unkonventionellen Aktionen von mir beschwert, wofür ich sehr dankbar bin. Auch nicht darüber, dass ich schon mal Süßigkeiten während einer Partie konsumierte.

Im DFB-Pokal-Viertelfinale 2018 zwischen Frankfurt und Mainz bemerkte ich, dass nach neun Minuten plötzlich irgendwelche kleinen Gegenstände in Massen aus dem Mainzer Block auf den Rasen flogen. Ich erschrak kurz, weil ich befürchtete, dass es sich um Münzen handelte – allerdings konnte ich mir das bei den ansonsten nahezu immer entspannten FSV-Fans beim besten Willen nicht vorstellen. Nachdem ich zum Ort des Geschehens gelaufen war, sah ich, dass es keine Cent-Stücke waren, die da von oben herabsegelten: Die heiße Phase der

Karnevalszeit hatte die Mainzer Anhänger offenbar dazu bewogen, kiloweise Kamelle auf den Platz zu befördern. Auch hier hätte man wieder eine halbwegs große Sache daraus machen können, weil es trotz aller Originalität selbstverständlich nicht angehen konnte, dass die Zuschauer Dinge auf den Platz schmissen. In dem Augenblick, in dem ich ein paar Bonbons zur Beweissicherung aufhob, standen die Eintracht-Spieler Marius Wolf und Makoto Hasebe vor mir, die sich über den Vorgang beschweren wollten. Um die Szene jedoch so schnell wie möglich zu entschärfen, bot ich den beiden kurzerhand einen Bonbon an. Ich ließ ihnen sogar die Wahl zwischen mehreren Geschmacksrichtungen. Sie lehnten lachend ab, ich aß selbst eins von den Dingern – und das gesamte Spiel stand fortan stimmungsmäßig unter einem guten Stern.

* * *

Nur wenn ich spürte, dass der Respekt, den ich anderen entgegenbrachte, überhaupt nicht erwidert wurde, ging ich vehement dagegen vor. Das fing bei kleinsten Gesten an. Wenn ich zum Beispiel zur Platzwahl bat, legte ich stets großen Wert darauf, dass mich die betreffenden Spieler dabei anschauten. Wer schon vor dem Anpfiff derartige Kleinigkeiten durchgehen ließ, dem konnte es passieren, dass bei einer Rudelbildung alle durcheinander quasselten, keiner mehr dem Schiri zuhörte und dieser selbst ins Leere sprach. Dann hatte man verloren.

International war die Kommunikation weniger einfach. Erstens sah man die Spieler nicht so häufig, außerdem waren meine Fremdsprachenkenntnisse nicht so ausgeprägt, dass ich jeden in der Europa- oder Champions League, der kein Englisch konnte, in seiner Landessprache zu ermahnen vermochte. Ich prägte mir deshalb zwar die wichtigsten Signalwörter auf Französisch, Spanisch und Italienisch ein, aber Schimpfwörter in anderen Sprachen lernte ich nicht ausdrücklich. So schlimm, wie man manchmal meinte, ging es auf dem Feld meistens gar nicht zu. Und einen Platzverweis wegen Schiedsrichterbeleidigung musste ich zum Glück noch nie verhängen.

* * *

In meinen Augen ist es äußerst wichtig, den Kontakt zum »normalen« Alltag nicht zu verlieren, gerade weil wir uns alle in einer gewissen Blase befinden. Ich hatte am eigenen Leib zu spüren bekommen, was das für furchtbare Folgen mit sich bringen konnte. Viele Jahre lang war ich nicht nur – anders als ein normaler Arbeitnehmer – auch einen Bruchteil der möglichen Zeit daheim. Ich brachte zudem all die Emotionen mit nach Hause, die sich während des Spieltags aufgestaut hatten – positiv wie negativ. Nach einer schlechten Leistung igelte ich mich frustriert und misslaunig in meinem Büro ein. Und wenn ich gut gepfiffen hatte, fühlte ich mich wie der Sultan und hatte keinen Nerv für jene gewöhnlichen, aber genauso wichtigen Dinge, die meine Frau oder meine Kinder mit mir besprechen wollten. Nach einem hochspannenden Ruhrpott-Derby konnte ich mich doch nicht am nächsten Tag um ein gewöhnliches Müllaufbewahrungssystem für die Küche kümmern. Dachte ich jedenfalls. Das war ein fataler Trugschluss.

Dazu kam, dass sich aufgrund der hohen Präsenz im Fernsehen, im Netz oder in den Zeitungen vieles nur um mich drehte. Früher hätte die Visage eines Schiedsrichters niemand erkannt, sodass man unbekannt beim Italiener ums Eck einen netten Abend verbringen konnte. Wenn wir nun aber essen gingen, auf eine Feier eingeladen waren oder nur zusammen einkaufen gingen, gab es immer jemanden, der ein Selfie oder ein Autogramm haben wollte. Meiner Familie aber waren die FIFA-Abzeichen, die ich mir auf mein Trikot kleben durfte, ganz und gar nicht wichtig. Die wollten ihren Ehemann und Papa haben – und bekamen ihn nicht. Diesen mangelnden Respekt den Menschen gegenüber, die mir am wichtigsten waren, kann ich trotz aller Verbesserungen an meiner Persönlichkeit leider nicht mehr aufholen.

Zu Hause ist nicht das Millerntor: Warum mir manches leider erst zu spät klar wurde

Als meine spätere Frau Anja und ich zusammenkamen, waren wir beide noch sehr jung: Ich war 23, sie 19. Wir zogen nach sechs Monaten in eine gemeinsame Wohnung und waren uns einig, früh Eltern werden zu wollen – was wir ein Jahr später mit unserer Tochter Sara erst- und wenige Jahre später mit Ben nochmals wurden. Zwischen uns entwickelte sich eine Beziehung mit einer perfekten Arbeitsteilung: Anja widmete sich mit Akribie den vielfältigen Aufgaben zu Hause, und ich wollte unbedingt für die Versorgung meiner kleinen Familie da sein. Meine Frau hatte kein Problem damit, den Haushalt zu führen und die Erziehung zu übernehmen. Die Herausforderung war nur: Sie hatte einen Freizeit-Schiri kennengelernt, der zwar viel Zeit für sein geliebtes Hobby aufbrachte, aber neben seinem Angestelltenjob trotzdem erkennen konnte, wie wichtig es war, dem Partner ausreichend Raum in seinem Leben zu geben. Irgendwann aber war sie mit einem Bundesligaschiedsrichter zusammen, dessen Wochenenden vom Profifußball und all seinen Begleiterscheinungen geprägt waren und der unter der Woche als selbstständiger Unternehmer keinen Feierabend mehr zu kennen glaubte.

Ich stürzte mich in die Arbeit in dem Glauben, meinen Kindern mehr bieten zu müssen als ein winziges Zimmer in einer kleinen Wohnung und einen auf Pump gekauften Computer. Natürlich war ich auch etwas egoistisch, was meine weitere Karriere als Unparteiischer anging. Ab einem gewissen Zeitpunkt wollte ich unbedingt vorankommen und das große Ziel erreichen, zu den Topleuten in meinem Metier zu gehören. Klar, es war anfangs nicht unangenehm, gelegentlich auf der Straße erkannt oder in der Eisdiele um ein Autogramm gebeten zu werden. Damals, als Smartphones noch nicht so verbreitet waren wie heute und man nicht befürchten musste, von wildfremden Menschen gefilmt zu werden, genoss ich die Aufmerksamkeit tatsächlich in gewissem Maße. Anja stand dabei immer im Schatten, was ihr nichts ausmachte. Doch als ich im Profifußball angekommen und 20, 25, manchmal 30 Wochenenden im Jahr unterwegs war, erkannte ich nicht, dass ich mir anderweitig Zeit hätte nehmen müssen, um die Bindung zu meiner Familie nicht zu verlieren. In diesen Jahren versäumte ich es, Anja und den Kindern den Respekt zu erweisen, den sie verdienten – ich hätte ihnen zeigen sollen, dass sie mir viel mehr bedeuteten als jedes Spitzenspiel.

Der Fußball allein war letztlich nicht der Grund, warum wir uns später trennten. Unsere Beziehung hätte wahrscheinlich weiterhin funktioniert, wenn ich im richtigen Moment eine Abzweigung genommen hätte. Anja hielt mir stets den Rücken frei und beschwerte sich in den seltensten Fällen, wenn ich sonntagmittags nach meiner Rückkehr aus Freiburg, Frankfurt oder Hamburg mürrisch und gedankenverloren herumsaß und an die strittige Szene in der 43. Minute, an den übersehenen Rempler im Strafraum oder an die Pfiffe aus der Ostkurve dachte, anstatt mich um meine Lieben zu kümmern. Sie ließ mir den Freiraum, den ich für den Sport brauchte, und ermöglichte mir dadurch die nötige innere Ruhe, um mich voll und ganz auf ein Spiel fokussieren zu können. Ich war es, der nicht verstand, dass es umgekehrt ebenso wichtig war, über die bevorstehenden Schulaufgaben unserer Großen oder den Arzttermin des Kleinen zu sprechen.

Zu allem Überfluss missinterpretierte ich manchmal eine Eigenschaft, die eigentlich total positiv war: Anja hatte eine gesunde Distanz zu dem Rummel, den die Bundesliga gelegentlich mit sich brachte. Und die war mitunter auch nötig, um nicht völlig durchzudrehen. Ich hielt mich zwar für einen bodenständigen Zeitgenossen, der frei von Allüren war. Natürlich konnte es nach manchen besonders hitzigen Spielen vor Zehntausenden Zuschauern im Stadion vorkommen, dass man sich etwas zu wichtig nahm, bis der eigene Körper das viele Adrenalin wieder abgebaut hatte.

* * *

Am 28. Spieltag der Saison 2010/11 war ich für das Heimspiel des FC St. Pauli gegen den FC Schalke 04 vorgesehen. Einsätze in Hamburg absolvierte ich nicht nur wegen der angenehmen Schiedsrichterbetreuer des HSV und des FC St. Pauli recht gern. Auch die Anreise war bequemer als sonst, weil ich nicht Hunderte Kilometer mit dem Auto fahren musste, sondern mich gemütlich in den Flieger setzen konnte, der von Nürnberg aus nur gut eine Stunde in die Hansestadt benötigte. Die Partie fand an einem Freitagabend statt, ich reiste jedoch gemeinsam mit meinen damaligen Assistenten Thorsten Schiffner und Holger Henschel bereits am Donnerstag an, um ausreichend

Vorbereitungszeit und ein wenig Entspannung zu haben. Wir machten es uns am Vortag im »Fischereihafen Restaurant« gemütlich, plauderten über Gott und die Welt und waren uns sicher, dass die Begegnung, jedenfalls was die Rahmenbedingungen betraf, nicht besonders aufreibend werden würde: Die Anhänger der abstiegsbedrohten Gastgeber galten als äußerst leidenschaftlich, aber weitgehend friedlich. Niemand von uns ahnte, dass dieses Spiel in die Bundesligahistorie eingehen würde.

Am nächsten Abend war zunächst alles wie gewohnt: Die Atmosphäre am Millerntor war aufgeladen, die Mannschaften liefen zu AC/DCs »Hells Bells« ein, und schon nach wenigen Minuten hatten beide Teams gute Chancen auf ein Tor vergeben. Nach der turbulenten Anfangsphase brachte Raúl die Schalker nach einer knappen halben Stunde in Führung, die bis zur Halbzeit anhielt. Schon in den ersten 45 Minuten flogen immer wieder Sachen auf den Platz. Das war leider nichts Neues – gerade in solch engen Stadien fühlten sich manche unbelehrbare Fans immer wieder bemüßigt, ihr Hab und Gut auf das Spielfeld zu werfen, und allein mit den Feuerzeugen, die ich im Laufe der Zeit aufsammelte, hätte ich ein Museum einrichten können. Über Funk teilte ich Bibiana Steinhaus – sie war als vierte Offizielle eingeteilt – mit, dass sie dem Stadionsprecher Bescheid sagen sollte, damit dieser eine entsprechende Durchsage machte.

* * *

An diesem Abend war ich erneut erstaunt, mit welcher Souveränität und Ruhe Bibiana selbst extremen Situationen begegnete. Nach vielen Jahren bei den Damen und auch in der Regionalliga der Männer pfiff sie seit rund drei Jahren im Herrenprofibereich, und wir kannten uns von zahlreichen Lehrgängen. Da es ohnehin nicht einfach war, vor allem den sportlichen Anforderungen des DFB zu genügen, war es umso bemerkenswerter, wie sie sich als Frau bei uns durchgesetzt hatte. Sie hatte sehr hart gearbeitet, um so weit zu kommen; das nötigte mir jede Menge Respekt ab.

Bei den praktischen Prüfungen für die Qualifikation zur 1. und 2. Bundesliga mussten wir sogenannte »Fast Runs« absolvieren, was bedeutete, dass sechsmal 40 Meter in jeweils maximal sechs Sekunden zu schaffen waren, mit höchstens einer Minute Erholungszeit zwischen den Sprints. Und bei den »Intervalltests« galt es, 40-mal in Folge abwechselnd 75 Meter laufend und 25 Meter gehend zurückzulegen. Das ergab Sinn, denn um mit solch perfekt austrainierten Athleten mithalten zu können, wie es die Fußballprofis heutzutage sind, musste man selbst ebenfalls ein hohes Fitness-Level mitbringen. Allerdings hatten diese Vorgaben es in sich – das galt für eine Frau mit einer naturgemäß anderen Physis erst recht.

Hinzu kam, dass Bibiana eine unglaublich coole Ausstrahlung bei der Leitung ihrer Spiele zeigte. Dabei stieß sie anfangs nicht nur beim Publikum, sondern auch bei vielen Spielern und Trainern und bei manchen von uns Schiedsrichtern auf großen Widerstand. Dämlichen Kommentaren – dass nun ein weiterer Herd samstagmittags kalt bleibe oder ähnlichem Unsinn – entgegnete sie stets mit einer Mischung aus Ignoranz und Lässigkeit. So schaffte sie es binnen kürzester Zeit, nicht nur auf dem Rasen, sondern auch auf den Rängen und in der gesamten Schiri-Szene akzeptiert zu werden. Zwischen uns entwickelte sich ein äußerst kollegiales Verhältnis, und wir trafen uns sogar einmal mit unseren jeweiligen Familien in New York. Es wäre schön, wenn sie nach ihrem Wechsel nach England eines Tages zum DFB zurückkehren und dort eine tragende Rolle übernehmen würde.

Aktuell freue ich mich sehr darüber, dass mit Riem Hussein Bibis Nachfolgerin im Profibereich der Herren zur Verfügung steht. Riem ist im normalen Leben Apothekerin und hat daher stets einen guten Tipp parat, wie man mit Hausmitteln kleinere und größere Wehwehchen schnell in den Griff bekommt. Auf dem Platz hingegen besticht sie durch eine ebenso unbeeindruckte und abgeklärte Spielführung wie ihre Vorgängerin.

* * *

In jener denkwürdigen Aprilnacht am Millerntor machte Bibiana dem Stadionsprecher jedenfalls unmissverständlich klar, dass wir keine weiteren derartigen Störungen von außen dulden wollten.

»Leute, bitte unterlasst das Werfen von Gegenständen«, tönte es anschließend mehrfach aus den Lautsprechern, doch die Ansage schien keine besonders große Wirkung zu zeigen. Bei jedem Eckball der Schalker mussten Hamburger Ordner den ausführenden Spieler mit einem Regenschirm schützen. Ich konnte das nicht verstehen. Emotionen waren auch mir beim Fußball sehr wichtig, und wenn die eigene Elf zurücklag, gehörte es dazu, dass man seinem Unmut Luft machte. Mit Münzen, Schlüsselanhängern oder Obst auf Menschen zu zielen, hatte jedoch nichts mehr mit Leidenschaft zu tun – das war einfach nur dumm und gefährlich. Ohnehin war mir immer schon ein

Rätsel, warum manche Menschen ausgerechnet in einem Stadion Dinge tun, die im Alltagsleben undenkbar wären. Ich hatte noch nie davon gehört, dass man beispielsweise einen Arbeitskollegen, mit dem man nicht einer Meinung war, als Reaktion darauf mit einem Geschosshagel aus Cent-Stücken bedachte.

* * *

In der Halbzeit berieten wir uns, wie es weitergehen sollte und waren uns einig, dass wir den Zuschauern keinen allzu großen Kredit mehr gewähren konnten. Nach dem Seitenwechsel beruhigte sich die Lage jedoch erst einmal: St. Pauli kam besser ins Spiel, allein Max Kruse hatte mehrere gute Möglichkeiten, den Ausgleich zu erzielen. Doch mit dem ersten Angriff in der zweiten Hälfte traf Jefferson Farfán zum 2:0, und zwei Minuten später musste ich Jan-Philipp Kalla die Gelb-Rote Karte zeigen. Die Fans resignierten kurzzeitig, anstatt dass sie noch wütender wurden. Doch als ich in der 78. Minute auch noch Fin Bartels nach einem rüden Foulspiel vom Platz stellte, eine absolut alternativlose Entscheidung und selbst für einen Fußballlaien eindeutig zu erkennen, kippte die Stimmung vollends.

»Lasst uns schauen, dass wir das hier die letzten Minuten irgendwie über die Bühne bringen«, sagte ich zu Thorsten, Holger und Bibiana per Funk. »Das geht nicht mehr lange gut da draußen.«

Genau 120 Sekunden vor dem Schlusspfiff konzentrierte ich mich auf eine Aktion der Schalker, als sich plötzlich Bibi bei mir meldete.

»Thorsten ist umgefallen«, rief sie. »Der ist von irgendwas getroffen worden.«

Ich drehte mich um, sah, dass mein Assistent am Boden lag und rannte sofort zu ihm hin.

»Was ist los?«, fragte ich erschrocken. »Geht's dir gut?«

»Geht schon«, antwortete er benommen und schaute leicht irritiert zu mir nach oben. »Ich glaub', das war ein gefüllter Becher. Der hat mich voll erwischt.«

Tatsächlich lag neben dem armen Kerl ein inzwischen leerer Bierbecher. Wenn man sich vorstellte, dass die Dinger mitsamt flüssigem Inhalt gut 500 Gramm schwer waren, konnte man vor Glück sagen, dass Thorsten nicht mehr passiert war. Er war benommen, blass und geschockt, aber ansonsten schien ihm nichts Schlimmeres passiert zu sein, zumindest auf den ersten Blick.

»Wir brechen das hier ab«, sagte ich ins Mikro. »Seid ihr bei mir?«

»Absolut«, sagte Bibiana, und auch Holger war derselben Meinung.

In diesem Augenblick sprach mich ein Schalker Spieler an, der meine Ansage mitbekommen hatte. Womöglich hatte er Angst, dass ein Spielabbruch den Sieg seiner Mannschaft am grünen Tisch gefährden konnte. Dabei war völlig eindeutig, dass der Becher aus dem Fanblock der Paulianer geflogen kam.

»Aber Schiri, es sind doch nur noch zwei Minuten zu spielen«, sagte er. »Wollen wir das nicht für die kurze Zeit durchziehen? Die Frau Steinhaus kann doch einspringen.«

Ich reagierte verständnislos.

»Mann, wir sind doch nicht im alten Rom, wo man mal eben die Gladiatoren austauscht!«, antwortete ich barsch. »Auf keinen Fall pfeife ich das hier wieder an! Wo kommen wir denn da hin?«

Mir war klar, dass eine Fortsetzung ein verheerendes Signal gewesen wäre – für den Ruf der gesamten Bundesliga, aber auch für den Stellenwert aller Schiedsrichter in den oberen wie vor allem den unteren Ligen, die sich Woche für Woche ohne den Schutz von Fernsehkameras und Ordnungskräften verbaler und leider immer öfter physischer Gewalt ausgesetzt sahen. Wir mussten an dieser Stelle verdeutlichen, dass es eine Grenze gab, die man bei aller nachvollziehbaren Enttäuschung nicht überschreiten durfte. Auch wir Schiedsrichter hatten ein Mindestmaß an Respekt verdient. Und genau das forderte ich hiermit ein. Ich zeigte an, dass das Spiel nicht mehr angepfiffen werden würde. Die allermeisten Zuschauer reagierten meiner Wahrnehmung nach verständnisvoll und waren eher sauer auf die wenigen Chaoten. Und die Pauli-Spieler marschierten in ihre Kurve und äußerten lautstark ihren Unmut darüber, was sich einige ihrer Anhänger hier geleistet hatten.

* * *

Natürlich musste ich kurz darauf vor den Kameras und Mikrofonen Rede und Antwort stehen.

»Wir hatten keine Wahl«, sagte ich, während Thorsten sicherheitshalber in der Kabine von einem Arzt untersucht wurde. »Die Unterlagen werden nun an den DFB weitergereicht, und der muss das weitere Vorgehen entscheiden.«

Dass der Spielabbruch Staub aufwirbeln würde, verstand sich von selbst. Erst sechsmal zuvor hatte es so etwas gegeben, allerdings war in den meisten Fällen das Wetter der Grund: Dreimal konnte in den 1960er-

und 1970er-Jahren wegen starken Nebels nicht weitergespielt werden, und im April 2008 blieb dem Kollegen Jochen Drees aufgrund sintflutartiger Regenfälle nichts anderes übrig, als das Match 1. FC Nürnberg gegen VfL Wolfsburg nach der Halbzeit nicht mehr anzupfeifen. Bei der legendären Begegnung Borussia Mönchengladbach gegen Werder Bremen brach im Jahr 1971 ein Torpfosten, und nur ein einziges Mal ereignete sich bislang ein ähnlicher Zwischenfall wie an diesem Abend in Hamburg: Mehrere Likörfläschchen hatten am 27. November 1976 beim Spiel 1. FC Kaiserslautern gegen Fortuna Düsseldorf den Assistenten von Referee Rudolf Frickel niedergestreckt, weshalb Frickel die Sache umgehend beendete und später am Betzenberg Netze vor die Fankurve gespannt wurden. Und nun also der »Becherwurf vom Millerntor«.

Später, es war schon nach Mitternacht, saßen wir immer noch aufgewühlt zusammen im Hotel und ließen die Geschehnisse bei einem gemütlichen Bier Revue passieren.

»Was für ein Abend«, sagte ich zu Holger und Thorsten, der zum Glück außer einer Beule und einem riesigen Schrecken nichts weiter abbekommen hatte. In diesem Moment meldete sich Herbert Fandel als Vorsitzender der Schiedsrichterkommission bei uns, der selbst wenige Jahre zuvor beim EM-Qualifikationsspiel Dänemark gegen Schweden nach einer Elfmeterentscheidung gegen die Heimmannschaft von einem dänischen Hooligan angegriffen und am Hals gepackt worden war, woraufhin er die Begegnung abbrach.

»Das habt ihr absolut richtig entschieden, Deniz«, sagte er zu mir. »Ihr habt volle Rückendeckung.«

Auch wenn ich mir dessen ohnehin sicher war, tat es gut, das in diesem Moment zu hören. Am nächsten Morgen nahm ich nach maximal drei Stunden Schlaf den ersten Flieger nach Nürnberg. Die Zeitungen, die ich am Flughafen vorfand, kannten in sportlicher Hinsicht kein anderes Thema. Ebenso war mein Handy voller Nachrichten von Freunden und Bekannten, die das Spiel im Fernsehen gesehen oder im Videotext und Internet davon gelesen hatten und nach meinem Befinden fragten. Ich hingegen musste die Erlebnisse zunächst verarbeiten.

* * *

Als ich vom Flughafen nach Hause kam, räumte Anja gerade den Frühstückstisch auf. Es sah picobello aus wie immer, und Sara und der kleine Ben begrüßten mich freudig.

»Da bist du ja«, sagte meine Frau zu mir. »Setz dich. Ich hab' dir noch ein Brötchen aufgehoben.«

»Danke«, antwortete ich und schnitt wortlos eine Semmel auf.

»Wie war's?«, fragte sie. »Lief alles gut gestern?«

Im ersten Moment war ich mir nicht sicher, ob sie mich veralbern wollte oder tatsächlich nichts von dem Wahnsinn am Millerntor mitbekommen hatte. Ich war irritiert, denn in meinem Kopf waren noch immer die Szenen präsent, in denen ich mich umdrehte und Thorsten am Boden liegen sah. Das musste ich abschütteln, und außerdem galt es, noch zahlreiche Presseanfragen zu beantworten. Erst später begriff ich, dass Anja nichts von dem Spiel mitbekommen haben konnte: Sie war nach einem anstrengenden Tag bereits im Bett, als die Sache passierte und stand in aller Früh auf, um sich wie jeden Tag um die Kinder und den Haushalt zu kümmern.

»Ja, ja. Alles okay«, sagte ich nur.

Mit dem Wissen von heute kann ich sagen, wie richtig ihre Herangehensweise war – und wie selten ich diese leider wertzuschätzen wusste. Schließlich war heftig genug, was des Öfteren auf mich einprasselte. Angesichts dessen war es erforderlich, dass ich einen Ruhepol an meiner Seite hatte, der nicht noch mehr Öl ins Feuer goss, sondern mir – bewusst und unbewusst – die nötige Gelassenheit vermittelte, die es brauchte, um nicht vollends abzudriften. Inzwischen verstehe ich, dass der eine oder andere Spieler, der in sehr jungen Jahren derart im Kreuzfeuer der Öffentlichkeit stand und dem nichts übrig blieb, als sich auf irgendeine Weise abzuschirmen, den Bezug zur Wirklichkeit verlor.

Als unsere Ehe vor einiger Zeit zu Ende ging, kam mir diese Episode wieder in den Sinn. Selbstverständlich kann ich die Uhr nicht zurückdrehen, aber zumindest haben wir es geschafft, in Frieden und als Freunde auseinanderzugehen; respektvoll eben. Ich hoffe nicht, dass ich jemals wieder auf dem Platz in eine Situation gerate, in der ich gezwungen bin, eine solche Entscheidung zu treffen wie an diesem Frühlingsabend in Hamburg. Sollte das aber so sein, werde ich auf jeden Fall versuchen, den Sport vom Privaten zu trennen. Selbst nach Momenten größter Anspannung hatte es die eigene Familie verdient, im Mittelpunkt zu stehen, wenn man daheim war.

Das gilt freilich nicht nur für Schiedsrichter, sondern für jeden anderen Berufstätigen – egal, ob Topmanager, Angestellter oder Gastronom. Der Stress, den wohl jeder von uns immer mal wieder im Arbeitsleben verspürt, hat am Esstisch, auf der Couch oder im Kinderzimmer nichts zu suchen.

Von unerklärlichen Gefühlen: Was das legendäre Revierderby über den Fußball verrät

Fast 300 Spiele durfte ich bislang in der 1. und 2. Fußballbundesliga leiten, und jedes einzelne stellte einen derart besonderen Moment für mich dar, dass ich mich bruchstückhaft an die Geschehnisse darin erinnere. Bei jedem meiner knapp 60 Platzverweise weiß ich, warum ich ihn verhängen musste. Ich habe viele der teils kuriosen, spannenden, angenehmen oder bisweilen auch ärgerlichen Begleitumstände im Kopf, die zu jeder Partie dazugehörten. Strömender Regen, klirrende Kälte, sengende Hitze, schlimme Verletzungen, strittige Szenen, rührende Begebenheiten - all das hat sich bei mir im Laufe der Jahrzehnte eingeprägt. Und natürlich gab es einige wenige Ereignisse, die so außergewöhnlich waren, dass sie mich lange Zeit danach noch staunen lassen, welche Überraschungen im Fußball möglich waren.

Als die Ansetzungen für den 13. Spieltag der Saison 2017/18 bekannt gegeben wurden, freute ich mich und hatte gleichzeitig große Demut vor der Aufgabe: Das Revierderby Borussia Dortmund gegen Schalke 04 gehörte seit 1925 zu den Ikonen des deutschen Fußballs, und jeder wusste, dass diese Aufeinandertreffen mehr waren als »nur« brisante Nachbarschaftsduelle. Es waren Schaukämpfe zwischen ewigen Konkurrenten, wie es sie aktuell allenfalls noch in Manchester beim Derby zwischen United und City oder beim argentinischen Superclásico zwischen Boca Juniors und River Plate gibt.

Derbys an sich und die besondere Stimmung drumherum waren mir nicht fremd: Mein Heimatort grenzt praktisch an Fürth und an Nürnberg. Von daher kannte ich die Rivalität zwischen diesen beiden Vereinen, die nach jahrzehntelangem Aufenthalt in unterschiedlichen Ligen in den 1990er-Jahren wieder aufflammte. Damals war ich selbst noch aktiver Kicker und ein junger Schiri – und beobachtete allein aus diesem Grund mit großem Interesse, wie der Ausgang dieser Begegnungen die Laune von Zigtausend Menschen auf der einen wie der anderen Seite über Wochen prägte. Und natürlich hatte ich als Schiedsrichter selbst einige Erfahrung mit solch emotionsgeladenen Spielen wie Mönchengladbach gegen Köln, Köln gegen Leverkusen, Wolfsburg gegen Hannover oder Hamburg gegen Bremen. Wenn aber Dortmund gegen Schalke antrat, so hörte man es immer wieder von Kollegen, schien die Atmosphäre noch intensiver zu sein, und so war ich sehr gespannt, was mich an diesem Samstagnachmittag erwarten würde.

* * *

»Na, da ist ja heute der richtige Mann am richtigen Ort«, begrüßte mich eine vertraute Stimme in der Kabine. Sie gehörte zu Jürgen Jansen, der bis zu seinem Karriereende 2006 zu den besten deutschen Unparteiischen gehörte und seitdem unter anderem, so wie an diesem Tag, als Schiedsrichterbeobachter im Einsatz war. Ich mochte ihn und seine lockere Art, die es mit sich brachte, dass er immer wieder einen witzigen Spruch heraushaute, um sich und anderen den Druck vom Kessel zu nehmen. Jansen war es auch, der eines der wohl verrücktesten Bilder der Bundesligageschichte produzierte: Er war am 25. Januar 2003 nach der entsprechenden Regeländerung zum Rückrundenstart als erster vierter Offizieller in Deutschland überhaupt im Einsatz, und weil es vorher keine Vorbilder gab, was man in dieser Funktion genau zu tun hatte, ließ er sich einen kleinen Tisch und einen Stuhl an die Seitenlinie stellen und setzte sich gemütlich an den Spielfeldrand, um das Geschehen zu beobachten. Hätte er sich noch eine Tasse Kaffee und ein Stück Kuchen bringen lassen, wäre die Szenerie perfekt gewesen, aber auch so muss ich noch immer lachen, wenn ich die Aufnahmen von damals sehe. Kurz darauf legte der DFB fest, dass der vierte Schiedsrichter während des Spiels zwischen den Coaching-Zonen stehen sollte.

»Deniz, das ist ein großes Spiel«, sagte Jansen zu mir. »Aber bleib' einfach du selbst und pfeife ruhig und konsequent. Dann wird das schon!«

»Ich geb' mir Mühe«, antwortete ich lachend und gab mich betont lässig, obwohl ich zugegebenermaßen angespannter war als üblich.

»Weißt du, ich hab' ja damals das irreste Derby aller Zeiten gepfiffen, kannst du dich erinnern?«, fragte mich Jansen – und selbstverständlich wusste ich, was er meinte: Jenes 2:2 aus dem Jahr 1997, als der damalige Schalker Torhüter Jens Lehmann nach einer Ecke in der letzten Spielminute den nicht mehr für möglich gehaltenen Ausgleich für seine Mannschaft erzielte.

»So wild wie damals wird's heute sicherlich nicht zugehen.«

»Nein, wahrscheinlich nicht«, erwiderte ich und hoffte, dass er recht behielt.

Als meine Assistenten Christian Dietz, Eduard Beitinger und ich aus den Katakomben des Signal-Iduna-Parks auf den Platz marschierten, waren wir für einen Augenblick wie paralysiert. Ich hatte die riesige Kulisse mit ihren mehr als 80 000 Zuschauern schon des Öfteren erlebt. An diesem Tag aber strahlte dieses Ambiente noch einmal eine ganz andere Sogwirkung aus als ohnehin schon. Irgendwie lag mächtig Spannung in der Luft, und man konnte förmlich fühlen, dass hier und jetzt kein stinknormales Spiel bevorstand.

* * *

Zunächst schaffte ich es nicht, unbeeindruckt von der Umgebung zu bleiben: Nach dem Anpfiff lief ich einige Minuten wie ferngesteuert über den Platz. Ich beobachtete fast schon distanziert, wie die Spieler beider Teams aggressiver zu Werke gingen als in der Bundesliga normalerweise üblich. In den allermeisten Fällen gab es anfangs zunächst ein gewisses Abtasten, bis sich alle Akteure in der Partie zurechtgefunden hatten. Hier aber vergab schon nach 60 Sekunden der Schalker Jewhen Konoplyanka eine große Chance zum Führungstreffer, und zwei Minuten später musste ich seinem Mannschaftskameraden Weston McKennie wegen eines ziemlich heftigen Foulspiels die Gelbe Karte zeigen. Dabei agierte ich anscheinend sehr passiv und ohne Körperspannung, sodass sich »Edi« genötigt sah, mir über Funk Beine zu machen.

»Ey Deniz«!, rief er in sein Headset. »Wach auf! Wir brauchen hier einen echten Schiri, sonst kommen wir hier nicht lebend heraus!«

Das war der Weckruf. Es war nicht unüblich, dass wir auf diese Weise miteinander kommunizierten. Wir hatten in unserem Dreiergespann seit jeher vereinbart, dass meine Assistenten mir stets offen mitteilen sollten, wenn sie den Eindruck hatten, es stimme etwas nicht mit mir. Im Grunde sprachen wir das gesamte Spiel über miteinander – auch um die Spannung und vor allem die Konzentration hochzuhalten. Und Eduard und Christian wussten beide, dass sie einschreiten mussten, wenn ich eine Zeit lang nichts sagte oder anderweitig zu phlegmatisch agierte. Manche Kollegen verbitten sich eine solche Einmischung, für mich aber war es immer schon ungeheuer wichtig, sich auf die ehrlichen Ansagen von außen verlassen zu können.

Nach Edis Ansage ging alles sehr schnell. Der BVB überrollte die Schalker beinahe. Der erste Treffer durch Pierre-Emerick Aubameyang nach einem Abpraller von Ralf Fährmann fiel in der 12. Minute nahezu wie aus dem Nichts. Schalke reklamierte nach dem Tor zu Unrecht auf absichtliches Handspiel des Schützen. In der 18. Minute verursachte Benjamin Stambouli ein unglückliches Eigentor, 120 Sekunden danach erzielte Mario Götze das dritte Dortmunder Tor, und weitere fünf Minuten später stand es durch Raphaël Guerreiro 4:0. Jetzt mussten sich nicht nur die Schalker, sondern sogar ich mich erst einmal schütteln.

»Leute, was ist denn hier los?«, rief ich ins Mikrofon, und auch Eduard und Christian verstanden die Welt nicht mehr. Für mich hatte sich schon 20 Minuten vor der Halbzeit die gesamte Ausgangslage verändert: Ich war mir sicher, dass sich das Tempo und damit die allgemeine Aufregung nun legen und beide Teams in den

Verwaltungsmodus umschalten würden. »Ich denke, wir können das jetzt ruhig begleiten. Lasst uns mal lieber auf Frustfouls und dergleichen achten«, gab ich daher als Losung aus.

Bis zur Pause hatte die Borussia zwar noch einige weitere Chancen, ihren Vorsprung auszubauen, aber es passierte weiter nichts mehr. Auf dem Weg in die Kabine merkte ich den Schalker Spielern an, dass sie mental praktisch zerstört waren. In all den Jahren als Schiedsrichter hatte ich gelernt, Körpersprache etwas tiefgründiger als ein Laie zu deuten. Vor allem die Werke von Jens Corssen, einem renommierten Psychologen und Verhaltenstherapeuten, brachten mich in dieser Hinsicht enorm weiter. Einerseits führten Corssens Erkenntnisse dazu, dass ich selbst in wichtigen Situationen Haltung annahm. Andererseits wusste ich dadurch, worauf genau ich bei anderen Menschen achten musste und welche Schlüsse ich aus diesen Signalen ableiten konnte. Um 16.18 Uhr an diesem Nachmittag war für mich glasklar: Für Schalke geht heute nix mehr. Die Jungs sind völlig am Boden.

* * *

In unserer Umkleidekabine schaute ich zuerst auf mein Handy. Das war eine Gewohnheit, die ich bei besonders hitzigen oder aufreibenden Begegnungen entwickelt hatte – um mich auf denselben Wissensstand zu bringen, wie ihn der Rest des Stadions und natürlich die beiden Mannschaften besaßen. Wenn mir in den ersten 45 Minuten womöglich ein Fehler unterlaufen war, schien es mir wichtig, diesen auch zu reflektieren, damit ich die Reaktionen der Protagonisten und der Zuschauer richtig zu deuten wusste. Das, was ich las, bestätigte den Eindruck, den wir im Team ohnehin hatten: An uns lag es nicht, dass die »Knappen« hier derart untergingen – auch das unabsichtliche Handspiel Aubameyangs vor seinem Führungstreffer hatten wir regelkonform entschieden.

Dieser Meinung war offenbar nicht jeder. Ein Gelsenkirchener Fan, der das Revierderby mit ein paar Kumpels zu Hause anschaute, hatte meine Leistung wohl etwas zu sehr durch die blau-weiße Brille betrachtet. Jedenfalls war er aus unerfindlichen Gründen sauer auf mich und wollte sich dadurch rächen, indem er telefonisch einen Döner für mich direkt ins Stadion bestellte. Natürlich bekam ich in diesem Moment davon nichts mit, aber der junge Mann filmte seinen Anruf und stellte ihn umgehend auf Twitter, wo der Clip dann viral ging.

»Der Herr Aytekin hat sich dat Ding nach der ersten Halbzeit verdient, wo er so super für die Borussia gepfiffen hat«, sagte er zu dem verdutzten Döner-Verkäufer, der ob des hohen Verkehrsaufkommens kurz seine Bedenken anmeldete, gleich zum Signal-Iduna-Park fahren zu müssen.

»Da ist doch heute das Spiel«, antwortete der Imbiss-Mitarbeiter am anderen Ende der Leitung. »Da werden ja zig Leute rumlaufen.«

»Ja eben. Das muss ja auch direkt zum Mittelkreis«, meinte der Besteller noch. »Und die Rechnung geht an Herrn Zorc.«

Wir ahnten nichts von dem Video, aßen anstatt eines Döners nur Energieriegel und Bananen, um wieder zu Kräften zu kommen, und machten uns auf den Weg zurück zum Spielfeld.

* * *

In Dortmund ist der Tunnel vom Spielertrakt bis zum Ausgang auf den Rasen relativ lang, sodass man darin mehr Gelegenheit als in manch anderen Stadien hat, die einzelnen Spieler und Betreuer zu beobachten. Und irgendetwas schien Schalke-Trainer Domenico Tedesco in der vergangenen Viertelstunde mit seinen Jungs gemacht zu haben: Ich blickte nicht mehr in leere und enttäuschte Gesichter wie vorhin, sondern sah entschlossene und zuversichtliche Blicke. Es war, als habe jemand den Reset-Knopf gedrückt. Dennoch dachte ich vorwiegend daran, dass die Gäste nun eher Schadensbegrenzung vornehmen wollten und der BVB einen Gang zurückschaltete – so, wie man es häufig bei solch klaren Zwischenständen erlebte, die dann nicht selten ein insgesamt etwas weniger spektakuläres Endergebnis von 1:4, 2:5 oder so ähnlich nach sich zogen.

Schalkes Abwehrchef Naldo erzielte acht Minuten nach meinem Wiederanpfiff ein Kopfballtor, das wir aber wegen knapper Abseitsstellung nicht geben konnten. Kurz darauf gelang Aubameyang beinahe das 5:0. Trotz der offensichtlich veränderten Einstellung der Gelsenkirchener, die sich nun weitaus stärker gegen die vorherige Überlegenheit des Gegners stemmten, schien sich das Spiel wieder auf dem Niveau der ersten Halbzeit einzupendeln. Doch nach gut einer Stunde änderte sich die Gemengelage von einem Moment auf den anderen, nachdem Guido Burgstaller mit einem Flugkopfball Roman Weidenfeller überwinden konnte. Nach meiner Erfahrung änderte das 1:4 überhaupt nichts an der Ausgangssituation der Dortmunder, die mit einem einzigen Konter alles klarmachen konnten – zumal nur noch eine halbe Stunde zu spielen war. Dennoch bewirkte dieses eine Tor etwas, das ich auf eine solch krasse Weise so zuvor noch nicht erlebt hatte:

Die Hausherren schienen auf einmal sehr verunsichert zu sein, und die Gastmannschaft erhielt die zweite Luft. In der 65. Minute gelang Amine Harit das 2:4, und das Match kippte endgültig in die andere Richtung.

»Was ist denn los mit euch?«, fragte ich beim Anstoß Nuri Şahin, der mich daraufhin mit weit aufgerissenen Augen anblickte. Es interessierte mich wirklich, wie eine eingespielte und hochveranlagte Truppe, die sich eine Dreiviertelstunde lang in einen derartigen Rausch spielen konnte, plötzlich wirkte wie eine Schulklasse vor einer Prüfung, für die niemand den richtigen Stoff gelernt hatte. In dieser Form hatte ich das noch nicht erlebt.

»Keine Ahnung, Deniz«, antwortete er nur und zuckte mit den Achseln.

Es war offenkundig, dass ein psychologisches Prinzip, über das ich auch in Jens Corssens Büchern gelesen hatte, nahezu von sämtlichen Dortmunder Akteuren Besitz ergriffen hatte: Die Angst, etwas sicher Geglaubtes noch zu verlieren, war mächtiger als der Wille und die Fähigkeit, es zu verteidigen. Jedem im Stadion war klar, dass sich hier etwas Außergewöhnliches anbahnte: den Fans auf beiden Seiten, den 22 Spielern auf dem Rasen und auch Eduard, Christian, unserem vierten Offiziellen Daniel Schlager und mir. Die Geräuschkulisse veränderte sich ebenfalls. Die frenetischen Anfeuerungsrufe insbesondere der »gelben Wand« (die Südtribüne mit den BVB-Fans) wurden immer verhaltener und wichen einem skeptischen Gegrummel, und der bislang totenstille Gästeblock übernahm akustisch das Kommando.

»Jungs, was geht denn hier ab?«, rief ich ungläubig über Funk in die Runde, aber eine Antwort darauf konnte mir niemand geben.

Kurz darauf beging Aubameyang ein klares Foul vor dem Strafraum des BVB. Da ich ihn zehn Minuten nach Wiederanpfiff bereits verwarnen musste, blieb als Konsequenz nur die Ampelkarte. Burgstaller hätte um ein Haar bereits den daraufhin folgenden Freistoß zum 3:4 verwandelt, doch Roman Weidenfeller lenkte den Schuss noch gerade eben um den Pfosten. Angesichts der nunmehrigen Spielanteile fand ich es erstaunlich, dass das dritte Schalker Tor durch Daniel Caligiuri erst in der 86. Minute fiel. Abgesehen davon, dass man im Stadion nun eine Stecknadel hätte fallen hören, wurde mir schlagartig bewusst, dass ich bei allen folgenden Aktionen, egal auf welcher Seite, noch deutlicher auf Kleinigkeiten achten musste als ohnehin schon. Jeder kleine Fehler von mir konnte das Spiel endgültig entscheiden oder zugunsten der Gäste egalisieren. Ich stand unter Vollstrom.

* * *

Wahrscheinlich 99,9 Prozent aller Zuschauer im Stadion folgen bei Eckstößen mit ihrem Blick dem Lauf des Balles. Das ist nur allzu verständlich, denn im Anschluss daran entscheidet sich, ob entweder ein Stürmer zum Abschluss kommt oder ein Abwehrspieler beziehungsweise der Torwart die Gelegenheit zur Klärung der Spielsituation hat. Mir ging es in den ersten Jahren nicht anders. Auch ich achtete vorwiegend darauf, zu wem das Leder nach der Ausführung gelangte und was derjenige anschließend damit anstellte. Erst im Lauf der Jahre und nach vielen Lehrgängen und gewonnenen Erfahrungswerten schärfte ich meine Sinne dahin gehend, den Ball beim Eckstoß komplett aus meinem Sichtfeld zu streichen. Ich bekam aus dem Augenwinkel mit, ob die Ecke kurz getreten wurde oder als Flanke in den Strafraum gelangte. Danach konnte ich mich sofort auf jene Spieler konzentrieren, die sich innerhalb des Sechzehners befanden. Ich beobachtete ihre Beine und Arme und fokussierte mich auf etwaige Berührungen, um sofort mögliche Foul- oder Handspiele wahrnehmen zu können, wie sie nach solchen Standards etliche Male pro Spieltag vorkamen. Heute, unter Einbeziehung des Video-Assistenten, können sämtliche zweifelhaften Szenen sofort überprüft werden. Früher jedoch waren Fehlentscheidungen, insbesondere nach Ecken, häufige Streitpunkte, weil sich bei kaum einer anderen Szene so viele Spieler auf engstem Raum drängten, sodass manche Aktionen schlichtweg nicht deutlich genug zu erkennen waren – und erst recht nicht, wenn man zu lange auf den Ball geschaut hatte.

Als Konoplyanka in der vierten Minute der auf fünf Minuten anberaumten Nachspielzeit die Ecke in den Dortmunder Strafraum trat, hatte ich in all dem Gewusel bereits bemerkt, dass Naldo von seinem Gegenspieler Ömer Toprak nicht nah genug gedeckt worden war und so relativ ungehindert zum Kopfball kommen konnte. Er stieg hoch und wuchtete die Kugel rechts an Weidenfeller vorbei ins Tor. Danach gab es bei den Königsblauen kein Halten mehr. Ich war nicht sicher, wie ich das Knäuel aus Trainern, Betreuern, Ersatzspielern und Spielern, das unterhalb des Schalker Blocks an der Eckfahne aufgetürmt war, wieder auseinanderbekommen sollte. Es waren noch über 60 Sekunden zu spielen, und nur wegen des ausgelassenen Jubels einer Mannschaft konnten wir natürlich die Partie nicht zu früh beenden.

Nach mehreren Minuten Ekstase auf der einen und Fassungslosigkeit auf der anderen Seite pfiff ich erneut an und kurz darauf endgültig ab. Ich blickte mich kurz um und sah einerseits die geschockten Dortmunder Zuschauer und andererseits die Schalker Fans, die völlig aus dem Häuschen waren. Mit diesen Eindrücken lief ich ziemlich fix und fertig zurück in die Kabine, wo schon Jürgen Jansen auf uns wartete. Auch er sah mich ungläubig an.

»Habt ihr gut gemacht«, sagte er.

»Danke. Sorry, dass ich dir das legendärste Derby aller Zeiten weggenommen habe«, gab ich zurück.

»Schon okay. Ich hätte heute eher nicht da draußen stehen wollen«, lachte er und klopfte mir auf die Schulter.

Während der langen Autofahrt zurück bekamen wir dann irgendwann den Döner-Gag mit, der inzwischen im Netz seine Kreise zog. Zum Mittelkreis hatte sich der Fahrer des Lieferservice dann doch nicht getraut – wir hatten im Stadion natürlich keinen Kebab bekommen. Vor lauter Eindrücken dieses verrückten Nachmittags vergaß ich die Sache schnell wieder, aber zwei Jahre später erinnerte ich mich wieder daran – und schrieb den Twitter-User kurzerhand an. Immerhin hatte er sein Versprechen nicht eingelöst.

»Seit über zwei Jahren warte ich auf den Döner«, textete ich ihm und gab zu erkennen, dass ich den Spaß, der hinter der Aktion steckte, sehr wohl verstand. »Übrigens: Ich esse ohne Zwiebeln und mit wenig Soße.«

»Sie haben ihn sowas von verdient. Dieses Spiel wird für immer unvergesslich bleiben«, antwortete er und gab zu, ein schlechtes Gewissen zu haben, weil das Ding nie bei mir angekommen ist. Musste er aber nicht. Nach so einem

Match war es doch klar, dass alle Beteiligten etwas länger brauchten, bis sie es verarbeitet hatten – das galt auch für mich.

Mein Team und ich: Wie wir es gemeinsam ins Pokalfinale schafften

Die Rolle der Schiedsrichterassistenten wird normalerweise brutal unterschätzt. Meiner Meinung nach verdient diese Aufgabe eine deutlich höhere Aufmerksamkeit – vor allem aber eine größere Wertschätzung; sowohl innerhalb der Szene als auch in der Öffentlichkeit. In der allgemeinen Wahrnehmung ist es meistens so, dass eine gute Leistung an der Seitenlinie kaum auffällt. Läuft alles glatt, hat in erster Linie der Schiri ein gutes Spiel abgeliefert. Erkennt ein Assistent jedoch eine Abseitsstellung, eine Tätlichkeit oder ein Handspiel nicht, wird der Hauptschiedsrichter mitunter noch bedauert, weil er sich auf eine offenkundig falsche Entscheidung verlassen musste. Natürlich lastet der mediale Druck hauptsächlich auf den Schultern des Referees. Andererseits wäre ich in vielen Situationen total aufgeschmissen, könnte ich mich nicht zu 100 Prozent auf meine Jungs dort draußen verlassen. Und Fehler gehören nun mal zum Sport dazu, die mache ich genauso wie alle anderen.

Mir war es immer wichtig, meinen Assistenten das unbedingte Vertrauen zu vermitteln, eigenständig urteilen und handeln zu dürfen. Vielleicht kam mir dabei meine Tätigkeit als Unternehmer zugute. Denn auf dem Fußballplatz war das Zusammenspiel eines Teams im Prinzip nichts anderes als in jeder Firma. Selbstverständlich konnte man sich als Chef jegliche Einmischung verbitten, alle wesentlichen Entschlüsse selbst fassen und andere Meinungen unterdrücken. Dann aber bestand nicht nur die große Gefahr, eigene Unzulänglichkeiten und Fehleinschätzungen nicht zu erkennen. Man gefährdete damit unter Umständen das gesamte Konstrukt, weil eine von Angst und Druck geprägte Atmosphäre selten besonders zielführende Lösungen hervorbringt.

Nicht jeder in unserer Fachschaft sah die Assistenten und ihre Rolle als gleichberechtigte Teammitglieder an. Das betraf nicht nur die organisatorischen Abläufe vor, während oder nach einer Begegnung. Ich kannte sogar Kollegen aus anderen Ländern, die ihren Assistenten allen Ernstes vorschrieben, was sie vor einem Spiel zum Essen und Trinken bestellen durften. Darüber, wie manche Zeitgenossen mit anderen erwachsenen Menschen umgingen und sie behandelten wie Erfüllungsgehilfen, konnte ich nur den Kopf schütteln. Wann immer mir hingegen nach einer nicht ganz gelungenen Partie ein Sturm der Entrüstung um die Nase wehte und möglicherweise eine nicht oder eine zu früh gehobene Fahne ein Grund dafür war, erinnerte ich mich an die Loyalität von Günter Perl, der mir durch seine Kameradschaftlichkeit vermutlich bis zu einem gewissen Grade meine Karriere rettete. Bei mir galt: Wir gewannen gemeinsam und verloren gemeinsam. Ohne Wenn und Aber.

* * *

Im Laufe der inzwischen fast eineinhalb Jahrzehnte, die ich in der Bundesliga pfeifen darf, hatte ich einige Assistenten an meiner Seite – im wahrsten Sinne des Wortes:

Thorsten Schiffner, Frank Willenborg, Marco Achmüller, Guido Kleve oder Markus Häcker etwa waren anfangs dabei, wobei sich im Laufe der ersten Saison die Konstellation mit Thorsten und Frank als Stammbesetzung herauskristallisierte. Wie im echten Leben war es mir stets sehr wichtig, dass wir drei nicht nur fachlich, sondern auch menschlich zusammenpassten. Man kannte sich zwar bereits aus diversen Lehrgängen und konnte, wenn man den Eindruck hatte, dass die Chemie stimmte, beim DFB entsprechende personelle Wünsche hinterlegen. Ob die allerdings so umgesetzt wurden, war keineswegs sicher. Erstens mussten die jeweiligen Assistenten stets verfügbar sein. Zweitens hatten die Betroffenen ein Mitspracherecht bei der Entscheidung. Und drittens konnte es im schnelllebigen Bundesligaalltag oft passieren, dass aufgrund anderer Parameter ein Team trotzdem bunt zusammengewürfelt wurde, was aber für mich die am wenigsten optimale Lösung darstellte. Nur wenn man sich gut kannte und aufeinander zählen konnte, war es meiner Erfahrung nach möglich, die bestmögliche Performance abzuliefern.

Während meines zweiten Erstligajahres wechselte Frank zu Florian Meyer. Das war äußerst schade, ist aber bei uns ein durchaus üblicher Vorgang: In diesem Fall war klar, dass Meyer – damals einer der besten, wenn nicht der beste deutsche Schiedsrichter, der seit 2002 auch als FIFA-Referee eingesetzt wurde – schlichtweg die besseren Perspektiven bot als ich junger Kerl, der in diesen ersten Zeiten zudem noch äußerst inkonstante Leistungen ablieferte. Mit Thorsten Schiffner und vorwiegend Christian Leicher absolvierte ich mein zweites und drittes Jahr. Irgendwann kamen dann Benjamin Brand und Christian

Dietz zu mir, was sich über einen längeren Zeitraum als ideal erwies. Wir harmonierten auf und neben dem Platz, tauschten uns über Themen jenseits des Fußballs aus und schlugen gemeinsam einige verrückte Schlachten wie das vogelwilde 5:4 von Schalke gegen Hannover mit acht Gelben Karten im Januar 2013. Im Anschluss war Christian zwischenzeitlich mal weg, woraufhin Marco vorübergehend zurückkam, und kurz darauf bemerkte der DFB die guten Leistungen von Benni und ließ ihn als Nachfolger von Peter Gagelmann selbst als Unparteiischen in der 1. Liga ran.

An dieser Stelle sei allerdings erwähnt, dass ein guter Assistent nicht automatisch ein guter Schiedsrichter sein muss – und umgekehrt. Dafür sind die Anforderungen an beide Aufgaben mittlerweile zu speziell. Ich war früher selbst oft an der Seitenlinie im Einsatz und konnte dadurch meinen Blick entsprechend schulen. Heute jedoch wäre ich auf dieser Position absolut ungeeignet. Ich hätte gar nicht mehr die Genauigkeit in Sicht und Reaktion, die es bräuchte, in grenzwertigen Situationen blitzschnell die richtige Entscheidung zu treffen. Dafür konnte ich in den vergangenen Jahren meine Wahrnehmung hinsichtlich der speziellen Aufgabenstellungen eines Schiedsrichters schärfen, was eine völlig andere Herangehensweise an viele Spielszenen mit sich brachte. Doch natürlich gibt es Ausnahmetalente, die beide Funktionen hervorragend ausfüllen können, und Benjamin Brand war eines davon.

* * *

Christian, in seinem normalen Leben Realschullehrer in Nürnberg, erklärte vor der Spielzeit 2016/17 glücklicherweise seine Bereitschaft, wieder fest zu mir zurückzukehren. Er brachte schon deshalb eine harmonische Grundstimmung in unser Team ein, weil er einer der größten Familienmenschen war, die ich jemals erlebt hatte. Wenn Christian vor dem Spiel mit seiner Frau oder seinen drei Söhnen telefonierte, spürte man förmlich die menschliche Wärme, die zwischen ihnen allen herrschte. Dazu kam, dass gerade ich es sehr schön zu beobachten fand, wie er auf seine türkische Frau Emel einging. Von diesem Miteinander konnte man sich eine Scheibe abschneiden.

Einen dauerhaften zweiten Assistenten hatte ich kurz vor der Saison aber noch nicht. Ich überlegte, wer zu uns beiden passen könnte und kam auf Eduard Beitinger, den ich schon einige Male bei verschiedenen Anlässen als sehr angenehmen und witzigen Gesprächspartner kennengelernt hatte. Er betrieb seit 2013 in seiner Heimatstadt Regensburg ein familienfreundliches Café namens »Kona« und würde mit seiner ebenfalls sehr zugewandten Art die perfekte Ergänzung zu Christian und mir abgeben. Das Problem war nur: Edi gehörte zum Team von Robert Hartmann, einem netten Kollegen, der sicherlich höchst ungern einen guten Mann einbüßen wollte.

»Robert, ich hab' da ein Anliegen«, sagte ich zu ihm am Telefon. »Ich würde den Eduard gerne zu mir holen.«

»Alles klar. Ich denk' drüber nach«, sagte er zu mir und bedankte sich für meine Offenheit.

Wenige Tage später meldete sich Edi bei mir und teilte mir mit, dass sein bisheriger Chef ihm grünes Licht für den Wechsel gegeben hatte. Nun war ich es, der die besseren sportlichen Perspektiven bot, was ihm Robert dankenswerterweise nicht übelnahm.

»Vielleicht schaffst du bei Deniz auch den Sprung nach oben«, gab er ihm mit auf den Weg – und meinte damit, dass er ihm nicht die Möglichkeit bieten konnte, in die FIFA-Liste aufgenommen zu werden. Ein Assistent hing in dieser Hinsicht immer am jeweiligen Schiri. Wenn der nicht international zum Einsatz kam, war es zumindest für die festen Außenleute nahezu unmöglich, diesen Aufstieg unabhängig davon zu erreichen. Roberts Einverständnis war keine Selbstverständlichkeit, weshalb ich seine Einstellung als absolut kollegial und integer empfand: Schließlich ließ niemand gerne gute Kräfte gehen.

Nun waren wir komplett und konnten das kommende Spieljahr als festes Gespann in Angriff nehmen: Christian Dietz, Eduard Beitinger und ich. Zu diesem Zeitpunkt konnte ich nicht wissen, dass diese Kombination zu einem der schönsten Momente meines ganzen Lebens führen würde.

* * *

Beginnend mit der Begegnung Hertha BSC Berlin gegen den FC Schalke 04 stiegen wir am 3. Spieltag in die Saison 2016/17 ein. Dieses Spiel und die folgenden verliefen erstaunlich unspektakulär. Den ersten Platzverweis mussten wir am 14. Spieltag gegen Naldo bei Schalke gegen Leverkusen verhängen, für Gelbe Karten gab es seltsamerweise weniger Anlass als sonst, und strittige Situationen konnten wir meist gemeinsam auf dem Platz klären. Es war, als übertrug sich unser gutes »Betriebsklima« auf die 22 Spieler. Insofern war es zwar kein Wunder, aber trotzdem eine große Freude, als wir nach der Partie St. Pauli gegen Hertha BSC in der zweiten Runde des DFB-Pokals auch das Achtelfinale zugeteilt bekamen, in dem wir erneut auf die Berliner trafen, die dieses Mal in Dortmund antreten mussten. Pokalspiele zu leiten machte stets besonderen Spaß, weil die üblichen Gesetzmäßigkeiten eines Fußballspiels – Heimvorteil, Klassenunterschied, taktische Vorgaben und so weiter – in diesem Wettbewerb oftmals außer Kraft gesetzt waren.

Das Spiel stand allerdings unter besonderer Beobachtung, weil am Wochenende zuvor beim Auftritt des BVB in Leipzig einige Dortmunder Gewalttäter Steine, Flaschen und sogar Leuchtraketen auf Leipziger Anhänger geworfen hatten. Es gab rund ein Dutzend Verletzte, darunter vier Polizisten; der DFB ermittelte bereits, und sogar die Politik war in heller Aufruhr. Deswegen richtete der damalige Dortmunder Kapitän Marcel Schmelzer vor dem Anpfiff einige Worte an die Öffentlichkeit, indem er sich unter dem Applaus der 80 000 Zuschauer im Namen der gesamten Mannschaft klar von derartigen Straftaten distanzierte. Sportlich begann das Ganze sehr ausgewogen, doch die Hertha ging etwas überraschend durch Salomon Kalou nach knapp einer halben Stunde in Führung. Nach der Pause begann Dortmund furios, und Ousmane Dembélé erzielte schon zwei Minuten nach Wiederbeginn den Ausgleich. Es folgte noch eine längere Drangperiode der Borussia, aber irgendwann flachte das Spiel ab und ging in die Verlängerung. Auch die plätscherte eher ruhig dahin, bis es bei BVB-Abwehrspieler Sokratis kurz vor dem Ende aussetzte.

Nach einem Foul in der Berliner Hälfte entschied ich auf Freistoß für Dortmund, den der Grieche angesichts der fortgeschrittenen Spieldauer schnell ausführen wollte – allerdings ein paar Meter weiter vorne. Solche dem ersten Anschein nach eher harmlosen Situationen konnten für einen Schiedsrichter gefährlich werden. Ahndete man nämlich derartige Verstöße nicht und resultierte aus einem streng genommen irregulär ausgeführten Freistoß später ein Treffer, beschwerten sich die Gegner zu Recht, dass man die Regel, wonach die Spielfortsetzung am Ort des Geschehens zu erfolgen hatte, nicht angewendet wurde. Ich setzte mich daher lieber von der ersten Spielminute an dem Vorwurf aus, kleinlich zu sein und ließ den Ball jedes Mal einige Meter zurücklegen, um deutlich zu machen, dass ich diese »heimliche Spielregel«, sich auf diese Weise einen gewissen Raumgewinn zu erschleichen, nicht dulden wollte. Kleine Nachlässigkeiten konnten sich immer wieder zu großen Problemen entwickeln, und das wollte ich nicht. Sokratis sah das anders.

Er beschwerte sich lautstark, weil ich ihm anzeigte, den Ball bitte wieder dorthin zu platzieren, wo das Foul passiert war. Weil er sich nicht beruhigen wollte, verwarnte ich ihn mit der Gelben Karte. Anstatt wenigstens jetzt Einsicht zu zeigen und sich zurückzuziehen, kam er mir noch entgegen und winkte unmittelbar vor meinem Gesicht ab. Derartige Gesten konnte ich partout nicht leiden. Jeder im Stadion und alle Fernsehzuschauer sahen in solchen Momenten, dass der Spieler den Schiedsrichter für einen Schwachkopf hielt. So etwas war absolut respektlos und unangemessen. Daher blieb mir keine Wahl, als ihn mit Gelb-Rot vom Platz zu stellen. Wenn man solche Verhaltensweisen einreißen ließ, brauchte man sich nicht zu wundern, wenn es in jedem Spiel etliche abfällige Gebärden, Rudelbildungen und andere Auswüchse schlechten Benehmens gab – von der fatalen Signalwirkung auf Kinder und Jugendliche mal ganz abgesehen. Edi und

Christian waren ebenfalls meiner Meinung und teilten mir das über Funk mit.

Das Elfmeterschießen fiel dann auch ohne Sokratis recht eindeutig aus: Gleich drei Berliner Spieler vergaben, während auf Dortmunder Seite nur Christian Pulisic verschoss. Der BVB erreichte somit das Viertelfinale, wo er keine Probleme mit den sensationell dorthin gelangten Sportfreunden Lotte hatte.

* * *

Etliche Wochen danach, es standen in Kürze bereits die beiden Halbfinalspiele bevor, bekam ich einen Anruf von Lutz Michael Fröhlich, der im Vorjahr Sportlicher Leiter der sogenannten Elite-Schiedsrichter geworden war.

»Das habt ihr in Dortmund gut hinbekommen«, sagte Lutz am Telefon. »Wir überlegen deshalb, euch Gladbach gegen Frankfurt zu geben.«

Damit hatte ich nicht gerechnet. Schon allein deshalb, weil am Saisonende mit Günter Perl, Wolfgang Stark und Jochen Drees drei verdiente Kollegen ihre aktive Karriere beendeten, die alle einen würdigen Abschied mit einem besonderen Spiel verdient hatten. Da aber damals noch strikt die landsmannschaftlichen Zugehörigkeiten berücksichtigt werden mussten, ein Schiri aus dem bayerischen Verband also zum Beispiel keinesfalls ein Spiel des FC Bayern München leiten durfte, der damals gegen Dortmund im zweiten Halbfinale antrat, wollte der DFB vermutlich keinen der drei Genannten bevorzugen oder benachteiligen – es konnte ja zu diesem Zeitpunkt niemand wissen, welcher Verein sich für das Endspiel qualifizieren würde. Außerdem hatte ich das Glück, schon einmal ein derartiges Match pfeifen zu dürfen: Das Pokalhalbfinale zwischen Hertha BSC und Borussia Dortmund im April 2016, das von den Berliner Medien zum »Jahrhundertspiel« erklärt wurde, weil die Hertha bei einem Sieg endlich das Finale in ihrer eigenen Stadt hätte bestreiten können. Der BVB gewann jedoch 3:0, und aufgrund der Einseitigkeit des Spielgeschehens war die Angelegenheit auch für uns Unparteiische – außer Christian war seinerzeit noch Benjamin Cortus an der Linie – verhältnismäßig problemlos zu führen. Das aber spielte für den Entschluss des DFB keine Rolle.

Lutz Michael Fröhlich erklärte mir, dass unsere Teamleistung im Achtelfinale nun den Ausschlag gab und wir uns auf das Spiel in Mönchengladbach einstellen sollten. Natürlich freute ich mich und sagte sofort den anderen Bescheid.

* * *

Obwohl wir Woche für Woche unter Beobachtung der Medien standen und alle unsere Spiele im Fernsehen zu sehen waren, war ein solches Ereignis jedes Mal eine andere Hausnummer. Die Begegnung wurde live in der ARD übertragen, was bedeutete, dass zwischen sieben und zehn Millionen Menschen daheim vor den Bildschirmen zusahen. Das erhöhte natürlich den Puls, aber es spornte uns an, erst recht eine ordentliche Arbeit abzuliefern. Während der Anreise an den Niederrhein, am Vorabend im Hotel und selbst in der Kabine vor dem Anpfiff machten wir es wie immer: Wir sprachen über das Spiel, insbesondere aber versicherten wir uns gegenseitig, dass niemand einen emotionalen Rucksack mit sich herumschleppte. Dazu gehörte auch, dass wir nicht nur über sportliche, sondern über private Dinge miteinander sprachen, die uns gerade beschäftigten. Nur so konnten wir eine Ebene absoluten Vertrauens erzeugen, die zum Beispiel dazu führte, dass selbst derjenige, der 80 Meter von einer Spielsituation entfernt war, sich das Recht herausnehmen durfte, eine unterschiedliche Bewertung als die anderen vorzunehmen, wenn er davon überzeugt war.

Das Spiel selbst war für außenstehende Betrachter eher spannend als hochklassig. Für uns jedoch war dieses Halbfinale harte Arbeit mit vielen wackeligen Spielszenen, aus denen nicht immer eindeutig hervorging, was genau passiert war. Frankfurt ging nach einer Viertelstunde durch Taleb Tawatha in Führung, und in der Nachspielzeit der ersten Hälfte traf Jonas Hofmann nach einer Flanke und einer Kopfballverlängerung aus abseitsverdächtiger Position zum Ausgleich. Es war die letzte Saison, bevor in Deutschland, wenn auch zunächst nur in der Bundesliga, der Video-Assistent eingeführt wurde. Zu meiner Verwunderung ließ Edi die Fahne unten.

»Bist du sicher?«, fragte ich ihn über Funk. Ich hatte die Situation selbstverständlich nicht aus demselben Blickwinkel betrachten können wie er und war ehrlich gesagt nicht so klar in meiner Bewertung.

»Ja«, antwortete er und erweckte dabei nicht den Hauch eines Zweifels.

»Alles klar«, sagte ich und gab das Tor.

Hofmann stand bei der Ballannahme vielleicht ein oder zwei Zentimeter hinter dem vordersten Gegenspieler der Frankfurter Abwehrreihe, alle Akteure bewegten sich zudem mit hoher Geschwindigkeit. Niemand hätte sich ernsthaft beschweren können, wenn Eduard eine Abseitsstellung angezeigt hätte. Aber er lag absolut richtig.

In der Verlängerung passierte relativ wenig, und beim Elfmeterschießen trafen die ersten sechs Schützen beider Mannschaften, anschließend verschossen Andreas Christensen, Guillermo Varela und Djibril Sow, bis Branimir Hrgota den entscheidenden Elfer für die Eintracht verwandelte.

Zurück in der Kabine waren wir überglücklich, dass hinterher niemand über uns sprach. Wenn sich keiner für uns interessierte, war das meistens das größte Kompliment, denn dann gab es an unserer Leistung nichts zu bemängeln. Wir ließen den Abend an der Hotelbar ausklingen und fuhren am nächsten Morgen nach Hause. Ich beschloss, mir die zweite Halbfinalbegegnung Bayern gegen Dortmund nicht im Fernsehen anzusehen, sondern stattdessen mit Freunden essen zu gehen – für mich als Schiedsrichter hatte das Spiel nach unserem Einsatz sowieso keine Bedeutung mehr, und es gab im Leben noch andere Dinge als Fußball. Als ich nach Hause kam, stellte ich fest, dass überraschenderweise der BVB in München einen 1:2-Rückstand noch in einen 3:2-Sieg umgebogen hatte und dadurch als Finalgegner der Frankfurter feststand.

* * *

Zwei Tage später rief mich Lutz Michael Fröhlich erneut an. Ich vermutete, dass er nach unserem geräuschlosen Halbfinale ein paar nette Worte für uns übrighatte und freute mich, dass er sich meldete.

»Wir haben etwas Außergewöhnliches vor«, sagte er nach der Begrüßung und kam gleich zum Punkt.

»Aufgrund eurer erneut guten Teamleistung wollen wir euch auch das Finale geben.«

Ich begriff erst nicht, was er damit meinte. In der Geschichte des DFB-Pokals war es noch nie vorgekommen, dass ein Schiedsrichtergespann, das bereits im Achtel- und vor allem im Halbfinale eingesetzt wurde, auch das Endspiel leiten durfte. Aber Fröhlich meinte es ernst, und nachdem ich einigermaßen fassungslos mehrfach nach der Wahrhaftigkeit seiner Aussage gefragt und mich bei ihm bedankt hatte, rief ich Christian und Eduard an.

»Stellt euch vor, was passiert ist! Das ist der absolute Wahnsinn!«, rief ich ins Handy und kam mir vor wie ein Lottospieler, der den anderen beiden Mitgliedern seiner Tippgemeinschaft mitteilen durfte, dass sie soeben den Hauptgewinn erzielt hatten.

»Wir sind im Finale, Jungs!«

Wie für jeden Spieler war es für einen Schiedsrichter und seine Assistenten die höchstmögliche Auszeichnung im deutschen Fußball, bei diesem Spiel im Berliner Olympiastadion dabei sein zu dürfen. Unabhängig von der Stimmung, die um diese Partie in der Hauptstadt wie bei nahezu allen Fußballfans im gesamten Land herrschte, war das eigentlich Besondere, dass wir endlich mal unsere Familien in unsere Tätigkeit einbeziehen konnten. Als Unparteiische hatten wir im Vergleich zu den anderen Beteiligten niemals ein Heimspiel. Nun aber lud der DFB unsere jeweiligen Lebenspartner mit nach Berlin ein. Schon allein aus diesem Grund feierten wir die Entscheidung. Dass ausgerechnet Benjamin Brand als vierter Offizieller nominiert wurde, rundete die Sache vollends ab.

Allerdings wollten wir unbedingt auch andere uns nahestehende Menschen bei diesem besonderen Ereignis in unserer Nähe wissen. Mir war es sehr wichtig, Anja, Sara und Ben dabeizuhaben, meinen Geschäftspartner Stefan, dazu meine Eltern und Schwiegereltern und natürlich Pinar. Und meine besten Freunde Darek und Ralph: Sie hatte ich vor vielen Jahren kennengelernt, nachdem ich mit Stefan unsere eigene Firma gegründet hatte. Irgendwann nahm er mich mit auf eine kleine Männerrunde, bestehend aus jungen Nürnberger Unternehmern, die sich ab und zu auf Ibiza versammelte, um gemeinsam in entspannter Atmosphäre zu brainstormen und Kontakte zu knüpfen. Dabei verstand ich mich vor allem mit Darek auf Anhieb. Er führte zusammen mit Ralph die Hemmersbach-Gruppe, die die beiden vom kleinen IT-Dienstleister zu einem weltweit operierenden Technologiekonzern geformt hatten, der sich zudem unter anderem für die Rettung bedrohter afrikanischer Nashornarten und für die Förderung benachteiligter Kinder einsetzte. Das alles und die persönlichen Lebensgeschichten dieser Jungs imponierte mir, und Ralph wurde darüber hinaus später Pinars Freund und Vater meines Neffen.

Ich buchte auf eigene Kosten für alle das VIP-Paket, die An- und Abreise sowie den Aufenthalt im berühmten »Interconti«, in dem auch unsere Delegation untergebracht war. Und ich nervte die Verantwortlichen beim Verband so lange, bis ich für meinen Sohn noch eine Überraschung parat hatte, die aber erst am Finaltag zum Tragen kommen würde.

* * *

Als das große Wochenende bevorstand, war ich total aufgeregt – weniger wegen des Endspiels. Aber ich hatte im Vorfeld so viel für meine Leute organisiert und auf die Beine gestellt, dass ich mir nicht sicher war, ob alles klappen würde. Zunächst stand am Freitagabend der offizielle Empfang des DFB auf dem Plan. Meine Familie ging derweil in einem Restaurant in der Nähe essen, während ich im »Interconti« der Rede von Reinhard Grindel zuhörte, dem damaligen DFB-Präsidenten. Normalerweise waren solche Ansprachen nicht dazu geeignet, besonders viel Wirbel zu produzieren, aber Grindel wünschte nach ein paar Minuten seiner Rede sinngemäß den Dortmundern den Pokalsieg.

Durch den Saal ging ein Raunen, Eintracht-Manager Fredi Bobic sah erstaunt zu mir herüber, und sogar ich war irritiert. Grindel hatte das natürlich nicht so gemeint, er bezog sich in seinem Satz auf die schwere Zeit für Spieler und Verantwortliche nach dem Anschlag auf den BVB-Mannschaftsbus fünf Wochen zuvor und erklärte danach, dass auch Frankfurt den Gewinn des Pokals verdient habe. Das Kind war da aber schon in den Brunnen gefallen, und die Zeitungen hatten ihren kleinen Skandal.

Am Morgen des Spieltags trafen wir uns alle zusammen zum Frühstück, bevor für mich die Vorbereitung auf den Abend begann. Als Christian, Edi, Benni und ich rund zwei Stunden vor dem Anpfiff im Stadion ankamen, glaubten wir, die magische Stimmung zu spüren, die dieses Ereignis seit vielen Jahren ausstrahlte, selbst wenn man es – wie ich zuvor – nur aus der Ferne von daheim aus betrachtet hatte. Die Beleuchtung, die Menschen, die vielen prominenten Gäste – egal, wie spannend eine Meisterschaft auch sein mochte, das hier war zweifellos das Spiel des Jahres. Durch meine Einsätze für Hertha kannte ich die riesigen Katakomben des Olympiastadions, aber an diesem Tag wirkte alles noch beeindruckender als sonst. Als wir aus den dunklen Gängen hinaus in das Licht des Innenraums schritten, hatte ich einen dicken Kloß im Hals. Vor uns lief Katharina Witt im goldenen Abendkleid mit dem Pokal in der Hand, und wir führten den Tross der Spieler und Offiziellen an. Neben dem offiziellen »Balltragekind«, das von einem Sponsor ausgewählt wurde und den Ball von der Stele nahm, um ihn mir zu bringen, stand mit großen Augen mein Ben. Meine Überraschung hatte also funktioniert: Er durfte hier innen mit dabei sein. Ihn dort zu sehen, trieb mir Tränen der Rührung in die Augen, und am liebsten hätte ich ihn in den Arm genommen, aber das ging natürlich nicht.

Angesichts der zahllosen Fotografen, der Choreografien beider Fanlager und der Lautstärke musste ich mich sammeln. Die Mannschaften und wir stellten uns wie üblich mit dem Blick auf die Tribüne in einer Reihe auf, und hinter uns begann das Bundeswehrorchester, die deutsche Nationalhymne zu spielen. Ich sang das Deutschlandlied aus vollem Herzen mit. Gerade wegen meines Migrationshintergrundes war ich unfassbar stolz: Dieses Land hatte mir, dem Sohn einfacher Leute aus einer türkischen Kleinstadt, so viele Möglichkeiten gegeben, mich zu entfalten. Und nun stand ich hier vor dem größten Spiel, das der deutsche Vereinsfußball alljährlich zu bieten hatte, auf dem Platz und war ein Teil des Ganzen. Das war großes Kino.

* * *

Das Spiel selbst, das Dortmund letztendlich mit 2:1 gewann, ist schnell erzählt. Es war Thomas Tuchels letzter Einsatz als BVB-Trainer, die 90 Minuten waren intensiv und umkämpft, aber kein großes fußballerisches Feuerwerk und aus unserer Sicht einigermaßen problemlos zu leiten – das Foul von Frankfurts Torhüter Lukáš Hrádecký an Christian Pulisic, das zum Elfmeter und schließlich zum entscheidenden Tor durch Aubameyang führte, war unstrittig, wir vergaben noch fünf Gelbe Karten – das war's. Ich weiß allerdings noch genau, dass ich nach dem Schlusspfiff gefühlt minutenlang auf die Tribüne schaute, auf der sämtliche Menschen nebeneinandersaßen, die mir so viel bedeuteten. Es war ein beinahe unwirklicher Moment, dort unten zu stehen inmitten des Trubels um die frisch gebackenen Pokalsieger und plötzlich eine ungeheure innere Ruhe zu empfinden – nicht weil ich es geschafft hatte nach all den Jahren, die ich mich diesem Weg verschrieben hatte, in einem solch wichtigen Spiel als Schiedsrichter eingesetzt zu werden. Vielmehr weil es sich so schön anfühlte, dass alle mit dabei waren.

Nach der Medaillenübergabe durch Bundespräsident Frank-Walter Steinmeier gingen wir zurück in unsere Kabine und sahen uns fassungslos an.

»War schon geil, oder?«, fragte ich in die Runde.

»Aber echt«, sagten die anderen. »Der Hammer!«

Nach ein paar Minuten des Innehaltens duschten wir und wollten schnell los: zu unseren Leuten, die in einem eigens von uns für diesen Abend reservierten, kleinen italienischen Restaurant in Berlin-Mitte auf uns warteten. Wir waren fast 40 Personen und feierten mit lauter Musik bis zum frühen Morgen. Dabei konnte ich mein Lieblingshobby mit einbringen: Ich besaß seit einiger Zeit ein professionelles DJ-Equipment und legte gelegentlich im kleinen Kreis, aber auch hin und wieder bei größeren Festivals Musik auf. Vorwiegend stand ich auf elektronische Musik, weil ich dabei am besten abschalten konnte. Diese Gelegenheit bot sich mir damals schon auf Ibiza, und inzwischen war das Auflegen zu einer ernsthaften, aber entspannenden Beschäftigung geworden; zu einem coolen Ausgleich zu all dem anderen Irrsinn.

Mit einigen Jahren Abstand kann ich sagen, dass diese drei Tage, die wir in jenem Mai in Berlin alle zusammen verbrachten – Christian, Eduard, deren Familien und natürlich meine engsten Verwandten und Freunde –, mit die glücklichste Zeit war, an die ich mich erinnern kann. Und erleben konnte ich sie überhaupt nur, weil wir als Team funktioniert hatten, weil Edi und Christian in vielen wichtigen Situationen die richtigen Entscheidungen trafen. Einen besseren Beweis dafür, wie bedeutend meine Assistenten für mich waren, konnte es nicht geben.

Eduard ist inzwischen bei Tobias Stieler – diesmal war ich es, der ihm zum Wechsel zu einem etwas jüngeren Kollegen mit der besseren sportlichen Perspektive für die kommenden Jahre geraten hatte. Dafür habe ich mit Markus Sinn erneut einen Glückstreffer gelandet, menschlich und fachlich. Er und ich gelten als gestandene »Ü40er« schon fast als Veteranen-Duo, aber der sieben Jahre jüngere Christian hält uns jung – genau wie Dominik Schaal, der mir bei internationalen Spielen mit seiner empathischen Art ganz prima assistiert. Ich bin jedenfalls gespannt, welche Abenteuer in den kommenden Jahren noch auf uns warten, wenn mein Körper mitmacht. Nur das Pokalfinale von 2017, das wird sich mit ziemlicher Sicherheit nicht mehr toppen lassen.

Meine Achillessehne und die Folgen: Was mir mein Comeback bedeutet

Der heutige Fußballbetrieb ist nicht nur in wirtschaftlicher Hinsicht ein hochprofessionelles Konstrukt, in dem nur wenig dem Zufall überlassen werden soll. Das mag manch nostalgisch veranlagten Anhänger stören, ändern lässt sich das vermutlich nicht mehr. Selbstverständlich kann man über manche Beträge, die bisweilen in diesem System im Umlauf sind, den Kopf schütteln. Auch ich halte Ablösesummen von 100 Millionen Euro oder mehr nur noch für blanken Wahnsinn. Unabhängig von der finanziellen Komponente aber hat es auf jeden Fall seine guten Seiten, wenn jeder Profiklub heutzutage nicht nur gut zwei Dutzend Spieler und ein Trainerteam in seinen Reihen hat, sondern auch Physiotherapeuten, Ernährungswissenschaftler oder Athletik-Coaches, die sich in ihren Fachbereichen um eine optimale Vorbereitung und Versorgung kümmern. So sinkt immerhin die Verletzungsgefahr, denn eines darf man nie vergessen: Selbst ein noch so gut bezahlter Star ist ein Mensch aus Fleisch und Blut, der Woche für Woche zu Unterhaltungszwecken seine Gesundheit aufs Spiel setzt, um es mal ketzerisch zu formulieren.

Als Schiedsrichter lernte ich recht schnell zu unterscheiden, wer nur den sterbenden Schwan mimte oder sich ernsthaft verletzt hatte. Und so erlebte ich im Laufe meiner Karriere einerseits zahllose Profis, die es mit ihrem schauspielerischen Talent auch auf eine Theaterbühne geschafft hätten. Andererseits bekam ich viele schlimme Verletzungen der Jungs aus nächster Nähe mit: Knochenbrüche, Bänderrisse oder blutige Platzwunden, die noch vor Ort genäht oder getackert werden mussten - wann immer einer der Beteiligten derart lädiert am Boden lag und sich vor Schmerzen krümmte, litt ich mit. Wenn etwas Schlimmeres passiert war, erkundigten wir uns hinterher regelmäßig nach dem Befinden eines Spielers, der verletzt ausgewechselt werden musste, und schickten notfalls Genesungswünsche ins Krankenhaus. Ich war jedes Mal froh, wenn ich nach ein paar Wochen oder Monaten jene Akteure auf dem Rasen wiedersah, die bei unserem letzten Aufeinandertreffen das Spielfeld auf einer Trage verlassen oder hinausgeführt werden mussten.

Solche Szenen machten mir bewusst, wie schnell alles vorbei sein konnte: Ein Schritt zu spät oder ein unachtsamer Moment, und die gesamte Laufbahn stand auf der Kippe. Auch wenn ich als Schiedsrichter weitaus weniger gefährdet war als beispielsweise ein Mittelstürmer oder ein Innenverteidiger, bestand bei mir gleichermaßen die Gefahr, dass der eigene Körper die hohen Anforderungen - immerhin lag unsere durchschnittliche Laufleistung pro Spiel bei zehn bis zwölf Kilometern - nicht mehr mitmachte. Leider kam bald der Tag, an dem es so weit war.

* * *

Seit ich damals in der Landesliga am Beregnungskasten hängengeblieben war und mir am rechten Sprunggelenk die Außenbänder gerissen hatte, baute sich in dem Gelenk nach und nach eine Fehlstellung auf. Daraus entstand eine chronische Entzündung an der Achillessehne. Auf gut Deutsch hieß das, dass mein Fuß bereits seit Längerem im Grunde genommen nicht mehr für die extremen Belastungen geeignet war, die mein Sport mit sich brachte. Allerdings bemerkte ich diese Einschränkungen für lange Zeit nicht. Erst in den letzten eineinhalb Jahren nahmen die Schmerzen stark zu. Nun wurde mir klar, warum ich zuletzt vor jeder Laufprüfung so großen Bammel hatte: Ich konnte, wenn ich ehrlich war, im Prinzip keinen Sprint mehr beschwerdefrei absolvieren. Aber ich hatte mich offenbar daran gewöhnt, und nachdem sich Gelenk und Sehne in den Ruhephasen nach den Spielen zunächst wieder passabel angefühlt hatten, schob ich den Gedanken an eine nachhaltigere Behandlung beiseite.

Stattdessen ließ ich mir immer wieder neue Einlagen verpassen und probierte praktisch sämtliche Therapieformen aus – es fehlten allenfalls noch Blutegel, die man mir auf mein Bein setzte. Mein Vertrauensarzt Dr. Gruber, der mit seiner Praxis in Zirndorf als Koryphäe für Sportverletzungen galt und viele bekannte Fußballprofis zu seinen Patienten zählte, schaffte es zwar, dass ich mich jedes Mal auf eigenem Wunsch für 90 Minuten auf den Platz bringen konnte. Doch irgendwann funktionierten auch der effektivste Ultraschall, die zigste Infrarotbestrahlung oder die hundertste Stunde Heilgymnastik nicht mehr. Dr. Gruber riet mir daher zu einer ganzheitlichen Behandlung, aber ich warf lieber Wochenende für Wochenende auf eigene Verantwortung Schmerzmittel ein, um halbwegs über die Runden zu kommen. Die Rache für diesen Raubbau an der eigenen Gesundheit folgte dann ab dem Tag danach, wenn die Wirkung der Tabletten nachließ und ich kaum einen Schritt gehen, geschweige denn eine Stufe steigen konnte, ohne massive Beschwerden zu spüren. Meine Lebensqualität sank Woche für Woche, und meine Kinder lachten mich aus, wenn ich ihnen bereits auf dem kurzen Weg vom Parkplatz bis zur Pizzeria nicht mehr hinterherkam.

Ich wusste von vielen Leistungssportlern nicht nur aus dem Bereich Fußball, die für ihre Karriere bitter bezahlen mussten. Die mit vierzig oder fünfzig höchstens noch über den Golfplatz schlichen und sich ansonsten fortbewegten wie Hundertjährige; die ohne Pillen nicht einschlafen und erst recht nicht mehr aufstehen konnten. Für mich stand immer fest, dass ich niemals so enden wollte. Nun aber war ich auf dem besten Weg dorthin, zumal ich plötzlich mit Schrecken feststellte, dass ich während mancher Begegnungen mehr mit meinen Schmerzen beschäftigt war als mit dem Spielgeschehen. Das durfte erst recht nicht sein, obwohl meine Assistenten viele meiner Durchhänger in dieser Phase kompensierten. Doch inzwischen war vor dem An- und nach dem Schlusspfiff alles innerlich in mir dunkel – und nur noch während eines Spiels schaffte ich es, ein wenig Licht anzuknipsen.

* * *

Ich gelangte an den Punkt, an dem ich erkennen musste, dass es so nicht weiterging. Es war glasklar, dass ich etwas tun musste – und zwar nicht in ein paar Wochen, sondern sofort. Das Problem war nur, dass Dr. Gruber, dem ich blind vertraute und der mir jahrelang zig Spiele gerettet und mich stets hervorragend medizinisch beraten und betreut hatte, gerade längerfristig unterwegs war. Ich aber konnte nicht mehr warten, denn ich empfand keinerlei Freude mehr im Alltag, weil sich alles nur noch um die Qualen in meinem Fuß drehte.

»Ich kenne da einen guten Spezialisten am Schliersee. Ich stelle da gerne mal den Kontakt her«, sagte mir Benjamin Brand – und schickte mich zu Dr. Thierry Murrisch, der schon Mario Götze nach dessen rätselhafter Stoffwechselerkrankung erfolgreich behandelt hatte.

Ich fand sofort einen Draht zu diesem Mann, obwohl er mir eine Wahrheit erzählte, die ich eigentlich nicht hören wollte.

»Nun Herr Aytekin, ich fürchte, das bekommen wir konservativ nicht mehr hin«, sagte er nach der Untersuchung ohne Umschweife zu mir. »Ich würde Sie gerne an einen Kollegen überweisen, der soll sich das mal ansehen.«

Der Kollege war Dr. Martin Jordan, der an der Hessingpark-Clinic in Augsburg praktizierte. Auch zu ihm fasste ich sofort Vertrauen, und er riet mir zu einer sofortigen Operation. Diesen Schritt hatte ich bereits mit Dr. Gruber immer wieder diskutiert, war aber damals noch nicht so weit, mich auf eine Maßnahme einzulassen, die das Ende meiner gesamten aktiven Laufbahn bedeuten konnte. Jetzt aber entschloss ich mich, gewissermaßen in einer Nacht- und Nebelaktion, die Sache durchzuziehen – auch auf die Gefahr hin, nie wieder ein Fußballspiel pfeifen zu können, jedenfalls nicht oberhalb der C-Jugend. Das aber war mir in diesem Moment egal. Ich wollte nur, dass die Schmerzen endlich aufhörten.

* * *

Schon drei Tage, nachdem ich in Augsburg angekommen war, sollte die OP stattfinden. Für das bevorstehende Wochenende hatte der DFB einen Lehrgang angesetzt, auf dem die aktuellen Corona-Maßnahmen im künftigen Spielbetrieb vorgestellt und diskutiert werden sollten – die erste Saison unter dem Eindruck der Pandemie war schließlich erst vor wenigen Wochen zu Ende gegangen. Natürlich war ich für das Seminar gemeldet.

»Ich muss euch leider absagen«, teilte ich den Verantwortlichen per Telefon mit.

»Okay, holst du das eben in ein paar Wochen nach«, hieß es am anderen Ende der Leitung.

»Ich fürchte, das wird länger dauern«, antwortete ich, legte auf – und atmete tief durch.

Am Vorabend des Eingriffs wusste ich nicht, ob ich jemals wieder in die 1. Bundesliga zurückkehren konnte und wenn doch, welche Einschränkungen oder Anstrengungen für mich damit verbunden waren. Dennoch fühlte ich eine tiefe innere Ruhe, so als fiele gerade eine Last ab, die ich viele Jahre mit mir herumgeschleppt hatte. Ich freute mich, dass ich nun endlich den Mut gefunden hatte, gegen die andauernden Schmerzen anzukämpfen. Und ein bisschen freute ich mich sogar darauf, nun auf jeden Fall einige Monate aus meinem üblichen Rhythmus ausbrechen zu können: Die vergangenen zweieinhalb Jahrzehnte standen weitestgehend im Zeichen meiner Schiedsrichtertätigkeit. Die Wochenenden pro Jahr, an denen ich nicht bei einem Spiel im Einsatz war, Lehrgänge besuchte oder für den Saisonstart trainieren musste, konnte ich an einer Hand abzählen. Natürlich hatte ich mir das so ausgesucht, und bis zu der Sache mit den starken Schmerzen liebte ich das, was ich tat. Hart war es dennoch manchmal, gerade wegen der Kinder, und im Augenblick war es mir total egal, ob es künftig überhaupt noch einen Freitag, Samstag oder Sonntag geben würde, an dem ich mich in irgendeinem Stadion befand.

* * *

Die Operation verlief komplikationsfrei. Die ersten sechs Wochen konnte ich noch nicht auftreten und spürte die Folgen des Eingriffs recht stark. Dann aber begann ich, das Beste aus der Situation zu machen – im wahrsten Sinne des Wortes. Ich nahm mir Zeit für Selbstverständlichkeiten – wie ausgiebig zu frühstücken, sich abends mit Freunden zu treffen oder mit meinem Sohn einen Stadtbummel zu machen.

»Schon möglich, dass Sie auf den Platz zurückkehren«, sagte mir Dr. Jordan. »Aber um jeden Preis werden wir das nicht machen. Sind wir uns da einig?«

Das waren wir.

Durch die fällige Reha lernte ich Menschen abseits des Fußballs kennen, die mein Leben auf ungeahnte Weise bereicherten. Zacharias Wedel zum Beispiel, der mein persönlicher Trainer wurde. Dessen Bruder Konstantin war vom talentierten Nachwuchsfußballer zum Spitzenleichtathleten geworden und hatte seinem Körper ebenfalls zu viel zugemutet. Beide hatten daraufhin Methoden entwickelt, wie man effizienter trainieren konnte, ohne dass es zu Überlastungen und somit zu weiteren Verletzungen kam. Mentalübungen waren dabei ein wichtiger Baustein.

Durch Zacharias und Konstantin erhielt ich die Möglichkeit, im Herbst 2020 trotz aller einschränkenden Corona-Auflagen in der berühmten Fürther Quelle-Halle mittels Sondergenehmigung mitzutrainieren. Normalerweise war dies nur Topathleten vorbehalten, die sich auf diese Weise in der kalten Jahreszeit etwa für die Olympischen Spiele in Tokio vorbereiteten. Jetzt stand ich auf der Bahn mit Sprint-Stars wie Amelie-Sophie Lederer oder Katrin Fehm, die mit 17 Jahren in ihrer Altersklasse zu den schnellsten Frauen der Welt zählte.

Amelie-Sophie und Katrin erzählten mir, um welche Preisgelder es in ihren Sportarten ging. Angesichts dessen, was diese Sportlerinnen und Sportler tagtäglich leisteten und mit welcher Leidenschaft und welchem Aufwand sie trainierten, um dann im besten Fall Prämien im niedrigsten vierstelligen Bereich zu erhalten, war ich sprachlos. Natürlich wusste ich, dass der bezahlte Fußball gegenüber anderen Sportarten ein wahres Schlaraffenland darstellte, auch für uns Schiedsrichter. Trotzdem machte mich diese Beobachtung aus nächster Nähe demütig.

Erst im Zuge meines Aufbauprogramms bemerkte ich, mit welcher Selbstverständlichkeit ich zuvor den Leistungen von Ärzten und Physiotherapeuten begegnet bin, die sich um uns kümmerten. Dabei leistete das medizinische Umfeld hinter den Kulissen der Bundesliga eine herausragende Arbeit – und bekam dennoch meistens ein negatives Feedback, wenn ein Spieler nicht schnell genug wieder fit wurde oder eine alte Verletzung erneut aufbrach. Auch hierfür wäre mehr Wertschätzung als bislang angebracht.

* * *

Während der Monate, in denen die 1. Bundesliga mit Geisterspielen weiterging und ohne mich genauso gut wie bisher funktionierte, stellte ich mir öfter die Frage, ob ich das alles noch für mein persönliches Glück brauchte. Schiedsrichter zu sein war für mich stets viel mehr als ein Hobby. Seit ich mir das erste Mal, wie von Madders geheißen, das schwarze Trikot anzog, die Karten in die Tasche steckte und die Pfeife ums Handgelenk schlang, spürte ich, dass es genau das war, was ich tun wollte. Es machte mir Spaß, in oftmals sehr turbulenten Momenten für Gerechtigkeit zu sorgen. Menschen brauchten Regeln, das war bei Fußballspielern nicht anders, und ich mochte das Gefühl, dass ohne uns dieser wunderbare Sport vermutlich im völligen Chaos endete, was man auf jedem Schulhof beobachten konnte, wenn ein paar Jungs miteinander kickten.

Nun aber hatte mich mein Körper zu einer Zwangspause verpflichtet, und ich hatte viel Zeit nachzudenken. Das betraf einerseits natürlich die Familie. Ich spürte nun noch mehr als zuletzt nach der Trennung von Anja, welch enormer Gewinn an Lebensqualität es war, viel mehr Dinge als bisher mit meinen Kindern zu unternehmen – und wenn es die Mathe-Hausaufgaben meines Sohnes waren. Aber ich wollte endlich eine andere Mission angehen, die aufgrund der Termindichte in den vergangenen Jahren nicht so weit vorangeschritten war, wie ich es mir wünschte.

Schon seit geraumer Zeit hatte ich den Plan, meine beiden Tätigkeiten als Unternehmer und Unparteiischer miteinander zu verknüpfen. Dazu hatte ich schiri.de gegründet, eine Online-Akademie für Schiedsrichter, in der ich mein gesamtes Wissen zur Verfügung stellen wollte. Mein Ziel war, Nachwuchstalente besser auf die Laufbahn vorzubereiten und zu verhindern, dass sie die gleichen Fehler auf und außerhalb des Platzes begingen wie ich. Im Zuge dessen hatte ich ausgerechnet, dass ich alles in allem während der letzten 25 Jahre über 1000 Spiele leiten durfte und dabei knapp 200 000 einzelne Entscheidungen traf. Da kam, zusammen mit meinen schönen und schmerzlichen privaten Erlebnissen, einiges an Erfahrung zusammen, was ich Mädchen und Jungen, die heute den gleichen Traum haben, wie ich ihn damals hatte, nicht vorenthalten wollte. Meine Kernbotschaft lautete, dass das Schiedsrichterwesen ein unglaublich spannendes und vielseitiges Betätigungsfeld war. Dass aber das Leben, egal was kommt, gewiss nicht nur daraus bestehen sollte. Ich wusste, wovon ich sprach.

* * *

»Was meinst du, Ben. Soll ich überhaupt noch mal anfangen?«, fragte ich kurz vor der entscheidenden Leistungsprüfung des DFB meinen Sohn – und wunderte mich gleichzeitig darüber, dass ich einem 14-Jährigen eine solche Frage stellte. Seine Antwort aber war sehr klug.

»Du hast mir immer gesagt, dass du weitermachst, solange du Spaß daran hast«, sagte er. »Wenn du also noch ein bisschen Spaß hast, dann mach's.«

Mein Leitspruch lautete seit Langem *Et hoc praeterit*, auf Deutsch in etwa »Alles geht vorüber«. Damit meinte ich aber nicht, dass vor allem die schlechten Dinge vergingen. Vielmehr wollte ich mir damit selbst immer wieder vor Augen halten, wie wichtig es war, die schönen Momente einzufangen. Und dazu gehörte auch meine Tätigkeit als Schiedsrichter. Ich hörte in mich hinein und spürte jetzt, da ich immerhin zu 98 Prozent schmerzfrei war, wieder ein leichtes Kribbeln, wenn ich mir im Fernsehen eine Begegnung ansah. In der neuen Saison würden wieder Zuschauer zugelassen werden, und wenn ich ehrlich zu mir selbst war, wollte ich wieder mitmischen. Das lange Aufbautraining, die vielen Übungen, der hohe psychische und physische Aufwand sollten nicht nur dafür gut gewesen sein, um danach eine lockere Runde durch den Oberasbacher Wald joggen zu können – zumal meine verbleibende Zeit aller Voraussicht nach sowieso stark begrenzt sein würde: Ich war schon 43 Jahre alt, das bedeutete nach heutiger Regelung, dass in vier Jahren ohnehin Schluss sein würde. Wichtig war jedoch, nicht mehr in dieselben Verhaltensweisen zurückzufallen und alle anderen Bereiche außerhalb des Fußballs zu vernachlässigen. Und auf meinen Körper zu hören.

Am Tag der Prüfung war Zacharias noch angespannter als ich. Für meinen Test waren extra Peter Sippel und Johannes Egelseer in die Quelle-Halle angereist. Sippel war selbst viele Jahre lang einer der angesehensten Unparteiischen Deutschlands und gehörte nun der Schiedsrichterkommission an. Und Egelseer, seines Zeichens ein gestandener Triathlet, fungierte beim DFB als offizieller Trainer der Elite-Schiedsrichter. Beide sollten beobachten, ob ich den Anforderungen nach meiner Verletzungspause wieder gewachsen war. Als ich die Zeitmessung passierte, achteten Peter und Johannes genau darauf, dass die Werte passten. Nur Zacharias konnte vor lauter Aufregung gar nicht hinsehen.

Aber es ging alles glatt. Dank seiner Unterstützung und der Hilfe meiner Ärzte und Physios schaffte ich die Vorgaben des Verbandes. Damit war ich wieder drin. Exakt

247 Tage, drei Stunden und zehn Minuten nach dem Abpfiff meines letzten Spiels zwischen Gladbach und Hertha stand ich wieder auf dem Platz, und zwar beim Hamburger Stadtderby St. Pauli gegen den HSV am 1. März 2021. Wenn man so will, war es ein Einstand nach Maß: Es gab in der hektischen Partie einige brenzlige Entscheidungen. So nahm ich nach nochmaliger Ansicht der Videobilder einen Elfmeter gegen St. Pauli zurück, vergab insgesamt fünf Gelbe Karten und einen Platzverweis in der Nachspielzeit. Aber zusammen mit Edi und Christian wuppten wir das.

Normalerweise meldeten sich vorwiegend Nörgler bei mir, die an meiner Leistung etwas auszusetzen hatten. Während meiner Zwangspause jedoch bekam ich einige Zuschriften, die mir Mut machten. Ein paar junge Kollegen teilten mir sogar mit, nur meinetwegen, dem kleinen Land-Schiri aus einem Dorf zwischen Nürnberg und Fürth, die Schiedsrichterlaufbahn eingeschlagen zu haben. Das war eine zusätzliche Motivation für mich: das Bild des Referees noch für einige Zeit prägen zu dürfen. Ich bin jedenfalls gespannt, was noch kommt.

Respekt ist alles: Was auf dem Platz und in unserer Gesellschaft nicht verloren gehen darf

In der abgelaufenen Saison waren beim DFB rund 45 000 aktive Schiedsrichterinnen und Schiedsrichter gemeldet; vor zehn Jahren waren es noch knapp 80 000. Dieser Rückgang ist dramatisch – allein schon, wenn man weiß, dass Wochenende für Wochenende an die 100 000 Spiele von der G-Jugend bis hinauf zu den Profis stattfinden. Man muss nicht rechnen können, um festzustellen, dass das nicht ausreicht. Auch ich hatte während meiner Anfänge mehrere Einsätze an den beiden Tagen des Wochenendes. Doch junge Menschen zu finden, die diese zeitliche Belastung zusätzlich zu einer stressigen Woche in Schule, Ausbildung oder Beruf auf sich nehmen, wird immer schwieriger.

Einer der Gründe ist unser verändertes Freizeitverhalten. Es mag abgedroschen klingen, aber als ich mit dem Sport anfing, gab es keine Smartphones, keine PlayStation, keine sozialen Medien und kein Internet. Während meiner Jahre in der Türkei war es ohnehin eine Selbstverständlichkeit, dass sich nahezu die gesamte Freizeit von uns Kindern im Freien abspielte. Und abgesehen von unseren kleinen Atari-Runden in Francescos Kinderzimmer waren wir auch später in Zirndorf den ganzen Tag draußen, unabhängig vom Wetter. Es gab

Tage, an denen ich nach der letzten Schulstunde nach Hause rannte, den Ranzen in die Ecke warf und sofort wieder rausging, um Fußball zu spielen, Fahrrad zu fahren, zu klettern oder andere Sachen zu unternehmen, die uns viel mehr Spaß machten, als beispielsweise vor der Glotze zu sitzen. In dieser Hinsicht hat sich leider etwas verschoben seit damals, aber die alten Zeiten sind nun einmal vorbei.

Ein anderer, vielleicht noch wichtigerer Grund liegt – das muss man so deutlich sagen – in der Gewalt, die gegen Schiedsrichter ausgeübt wird. Ich will hier nur einige Beispiele aus der jüngeren Vergangenheit nennen, über die in den Medien berichtet wurde und die auf dramatische Weise zeigen, was Woche für Woche auf unseren Sportplätzen stattfindet:

- Während einer Kreisligapartie im südhessischen Münster schlug der bestrafte Spieler nach einer Gelb-Roten Karte den Schiedsrichter mit der Faust ins Gesicht – der 22-Jährige musste mit einem Rettungshubschrauber ins Krankenhaus geflogen werden.
- Bei einem weiteren Kreisligaspiel in der Nähe von Offenbach wurde der 41-jährige Unparteiische von einem der Akteure geschlagen und anschließend noch von einem Zuschauer mit einem Regenschirm in den Bauch gestochen.
- Während eines U12-Turniers im oberbayerischen Heimstetten rannte ein Vater auf den Platz, um den Schiedsrichter zu attackieren. Erst als diesem mehrere Personen zu Hilfe eilten, gelang es, den Angreifer unter Kontrolle zu bringen. Er musste von der Polizei mit Handschellen gefesselt abgeführt werden.

- Mein Berliner Kollege Jonas Tylewski erhielt mehrere Drohbriefe an seine Privatadresse mit dem Wortlaut, wer sich als Schiri so benehme, müsse sich nicht wundern, wenn er auf die Schnauze bekomme. Er machte den Fall bewusst öffentlich, und die Berliner Schiedsrichterszene veranstaltete daraufhin sogar eine Art »Warnstreik«, um gegen die permanente Bedrohung aufmerksam zu machen.

Zuletzt, vor der Corona-Krise, gab es laut Angaben des DFB fast 3000 Übergriffe auf Unparteiische in einem Jahr. Natürlich klingt das wenig angesichts der vielen Spiele, die regelmäßig stattfinden. Allerdings steht hinter jedem einzelnen Fall womöglich ein verletzter oder eingeschüchterter Mensch, der nach einem solch einschneidenden Vorgang den Entschluss fasst, nie wieder einen Fußballplatz zu betreten – jedenfalls nicht in dieser Funktion. Außerdem muss man davon ausgehen, dass die Dunkelziffer um ein Vielfaches höher liegen dürfte. Nicht jede verbale Bedrohung, nicht jedes Anspucken und nicht jeder Tritt gegen das Schienbein wird im Spielberichtsbogen vermerkt oder gar polizeilich angezeigt. Selbst die Bundesregierung meldete sich im Jahr 2020 auf eine Anfrage der FDP hin zu Wort und verurteilte »jegliche Form von Übergriffen und Anfeindungen auf Schiedsrichter«, wie es offiziell hieß. Die Regierung sei sich der unverzichtbaren Bedeutung der Schiedsrichter für den Fußball bewusst und befürworte eine Kultur der Fairness und Fehlertoleranz. Genau die scheint uns jedoch zum Teil abhanden gekommen zu sein.

* * *

Derartige Vorkommnisse gab es auch vor 30 oder 40 Jahren immer mal wieder. Ich hatte das Glück, dass außer der Attacke auf dem Parkplatz des SV Napredak keine weiteren körperlichen Angriffe auf mich verübt wurden, aber natürlich kam so etwas vor. Selbst Madders erzählte mir mehrfach vom berüchtigt gewordenen Spiel des TSV 1860 München gegen die SpVgg Landshut, das er 1985 in der Bayernliga vor fast 18 000 Fans leitete. Während der Halbzeit war er beim Gang in die Kabine von wütenden Löwen-Anhängern auf der Haupttribüne massiv angegangen worden, sodass er im Spielberichtsbogen notierte, er sei »vom Gesicht bis zur Hose mit Spucke voll« gewesen. Außerdem sei der Torhüter der Gäste mit einer Eisenstange aus der Umzäunung beworfen worden. Das Urteil des Sportgerichts sah vor, dass die Sechziger das nächste Heimspiel gegen den FC Bamberg vor leeren Rängen austragen mussten, was vermutlich das allererste »Geisterspiel« der deutschen Fußballgeschichte war.

Der Unterschied zwischen damals und heute bestand darin, dass derartige Einzelfälle keinerlei gesellschaftliche Sogwirkung besaßen – im Gegenteil. Wenn zu meinen Anfangszeiten ein Schiedsrichter auf welche Weise auch immer von Spielern oder Zuschauern angegangen wurde, schmiss man den oder die Verursacher heraus und erteilte Hausverbot. Mittlerweile sind mir Fälle bekannt, bei denen die Randalierer sogar noch von den anderen Zuschauern abgefeiert wurden – und die Videoclips dieser Auseinandersetzungen wurden im Netz zigmal geteilt und auf Schulhöfen getauscht.

Inzwischen scheint der Respekt auf dem Platz generell abzunehmen. Das macht mir durchaus etwas Angst.

Dabei muss es nicht gleich zu einer Körperverletzung kommen – um einem sensiblen, engagierten Menschen die Freude an seiner Tätigkeit als Schiedsrichter zu vermiesen, reicht es aus, wenn dieser bei jedem zweiten oder dritten Spiel als »Vollblinder«, »Spacko«, »Bastard« oder mit noch schlimmeren Begriffen tituliert wird. Selbst ich war davor nicht gefeit, wie ich vor Kurzem bei einer Begegnung meines Sohnes erstaunt feststellte.

Da in der Jugend normalerweise die Gastmannschaft den Schiri stellt und keiner der anderen Väter an diesem Tag verfügbar war, sprang ich ausnahmsweise ein. Mir machte es immer wieder Spaß bei den Kids, aber ich hatte den Eindruck, dass es Ben nicht recht war, wenn der Papa seine Spiele pfiff – weniger wegen meiner Bekanntheit, sondern vorwiegend deshalb, weil er dann etwas gehemmter zu Werke ging. Jedenfalls fühlte sich der Trainer des Gegners bemüßigt, meine Entscheidungen andauernd in einer sehr unsachlichen Weise zu kommentieren – und zwar so laut, dass es außer mir alle anderen Anwesenden mitbekamen. Das umfasste auch persönliche Provokationen, bis es mir irgendwann zu bunt wurde. Ich ging zu dem Mann und baute mich vor ihm auf.

»Weißt du, ich kann es einfach nicht besser«, sagte ich zu ihm. »Da wirst du mit leben müssen.«

Danach war zwar Ruhe, aber wenn der Kerl sich schon mir gegenüber so benahm, konnte ich mir in etwa vorstellen, was er bei einem 16-, 17- oder 18-Jährigen veranstaltete, der für diesen Verein als Schiedsrichter eingeteilt worden war. Wenn wir hier die Öffentlichkeit nicht schleunigst für eine gewisse rote Linie sensibilisieren, gibt es unterhalb der 5. oder 6. Liga eines Tages niemanden mehr, der bereit ist, seine kostbare Zeit dafür zu opfern, dass ein ordnungsgemäßer Spielbetrieb stattfinden kann. Doch der Fußball ist nur die Spitze des Eisbergs.

* * *

Betrachtet man die Entwicklung in anderen Lebensbereichen, kommt man zu einer ähnlichen Erkenntnis in Bezug auf Wertschätzung, Anerkennung und Anstand: Ich kenne Lehrkräfte, die von den eigenen Schülern vor der gesamten Klasse niedergemacht werden und sich krankschreiben lassen müssen, weil sie diesem andauernden Druck nicht mehr gewachsen sind. Ich weiß von Verkäuferinnen und Servicemitarbeitern, die ihren Job an den Nagel hängen, weil sie nicht ein einziges Mal am Tag »Bitte« und »Danke« hören. Und ich höre von Feuerwehrlern und Sanitätern, die bei ihren Einsätzen behindert oder beschimpft werden, obwohl sie Menschen versorgen oder sogar Leben retten wollen. Das alles ist nicht mehr erträglich!

Ein weiteres Problem ist der Umgang innerhalb sozialer Netzwerke. Wir Schiedsrichter sehen uns hier einer teilweise immer inakzeptabler werdenden Ansprache ausgesetzt. Da geht es uns nicht anders als vielen öffentlich agierenden Personen: Auch bei Politikern, Künstlern oder zuletzt verschiedensten Experten während der Corona-Krise sind Beleidigungen, Beschimpfungen und Bedrohungen in den Kommentarspalten schon beinahe die Regel und nicht mehr die Ausnahme. Dabei bedienen sich die Pöbler gerne des Schutzes der Anonymität, was eine strafrechtliche Verfolgung selbst schlimmster Äußerungen schwierig bis unmöglich macht. Offen würden diese Menschen ihre Meinung sicherlich niemals auf derartige

Weise artikulieren – wenigstens habe ich es noch nicht erlebt, dass mich jemand bei einer direkten Begegnung derart unsachlich angeht, wie es im Internet der Fall ist. Aber wegen solcher Typen die Social-Media-Accounts abzumelden, nur um keine Angriffsfläche zu bieten, kann nicht die Lösung sein. Nur manchmal geht es wirklich nicht anders: Mein von mir sehr geschätzter Kollege und Freund Patrick Ittrich sah sich nach einem Spiel im Dezember 2020 kurzzeitig dazu gezwungen, seinen Instagram-Account zu deaktivieren, weil binnen kürzester Zeit 300 bis 400 Hass-Kommentare darauf eingegangen waren. Zum Glück hat sich Patrick wie auch ich in dieser Hinsicht ein dickes Fell zugelegt – einen »psychologischen Panzer«, wie er das nennt. So gefestigt wie wir ist aber längst nicht jeder.

In ihrem Tun bestärkt werden manche dieser Hater zudem durch schlechte Vorbilder. Einige Zeitgenossen, die sich für besonders unfehlbar halten, besitzen die schlechte Angewohnheit, sich gerne und lautstark über andere lustig zu machen oder sie vor versammelter Runde abzuqualifizieren. Das kann in einer Schulklasse passieren, in internen Besprechungen einer Firma oder – um beim Beispiel Bundesliga zu bleiben – in Talkrunden oder Interviews, in denen abfällig über die Leistung eines Spielers, eines Trainers oder eines Schiedsrichters gesprochen wird. Auch solche Dinge verbreiten sich weiter, lösen bei den Betroffenen möglicherweise schmerzhafte Gedanken aus und senken die Hemmschwelle bei Dritten.

Genau wegen solcher Vorfälle war und ist mir das Thema Respekt insgesamt so wichtig – weil er der Kitt für unser gesamtes Zusammenleben ist. Respekt ist alles. Sonst funktioniert unsere Gemeinschaft nicht, weder auf dem Platz noch außerhalb desselben. Wenn jeder nur noch auf dem Ego-Trip unterwegs ist und – noch schlimmer – seine Mitbürger zudem psychisch oder physisch attackiert, weil sie eine andere Meinung vertreten, dann steuern wir auf sehr unruhige Zeiten zu. Wir haben es selbst in der Hand, hier gemeinsam dagegenzuhalten. Es gibt viele großartige Menschen in diesem Land, die es verdient haben, dass wir alle ihnen den Rücken stärken. Insbesondere während der Pandemie haben wir gesehen, wie wichtig Werte wie ehrenamtliches Engagement, Zusammenhalt und Toleranz sind. Dessen müssen wir uns wieder stärker bewusst werden. Der Fußball ist dabei nur ein winziger Teil des großen Ganzen, aber immerhin einer mit sehr großer Strahlkraft. Ob wir das nun wollen oder nicht: Wir alle, die jedes Wochenende vor den TV-Kameras agieren, sind Vorbilder für viele Junge und Ältere, Männer und Frauen, Arme und Reiche, Arbeiter und Akademiker oder Menschen mit und ohne Migrationshintergrund. Umso bedeutender ist es, schon auf dem Spielfeld mit dem gegenseitigen Respekt zu beginnen. Dazu will ich meinen kleinen Beitrag leisten, am besten noch einige Zeit als aktiver Schiedsrichter.

Auf all die Anmaßungen, Geringschätzungen und Rücksichtslosigkeiten unserer heutigen Zeit pfeif ich nämlich!

Nachspielzeit

Es gibt viele Menschen, denen ich zu Dank verpflichtet bin, dass ich all das erleben durfte, was ich bisher an tollen Ereignissen, kleinen und großen Abenteuern und unvergesslichen Momenten erlebt habe – als Schiedsrichter, Unternehmer und Privatmensch. Die meisten von ihnen habe ich in dem Buch genannt, einige aber habe ich vielleicht vergessen. Ich bitte daher um Entschuldigung, dass eine vollständige Aufzählung aller Wegbegleiter, Förderer, Freunde und Sportskameraden schlichtweg den Rahmen gesprengt hätte. Es war mir wichtig, zusammen mit meinem Co-Autor Andi Hock authentische Geschichten aus meinem Leben und meiner Laufbahn zu erzählen, die unter dem Oberbegriff stehen, der mir für unser aller Zusammenleben auf sämtlichen gesellschaftlichen Ebenen wirklich wichtig ist: Respekt.

Trotzdem möchte ich drei Menschen herausheben, ohne die mein eigenes Leben nicht ansatzweise so glücklich und wertvoll wäre, wie es heute ist:

Meine Tochter Sara, die früher auf vieles an ihrem Papa verzichten musste, was für andere Kinder eine Selbstverständlichkeit war. Ich war viel zu oft weg und kann die Zeit, die uns damals fehlte, nicht mehr zurückholen. Trotzdem gibst du mir das Gefühl, dass ich heute für dich da sein darf und, wenn auch mit ein bisschen Anlauf, eine Konstante in deinem Alltag werden durfte. Das fühlt sich sehr gut an, und ich bin sehr froh, dass es ist, wie es ist.

Pinar, die mich als kleine Schwester viel mehr geprägt haben dürfte als ich das bei ihr als großer Bruder zu tun vermochte. Vom ersten Tag an, an dem du auf der Welt warst, habe ich eine Verbundenheit gespürt, wie es sie wahrscheinlich nicht häufig unter Geschwistern gibt. Du hast mir in schwierigen Zeiten den Rücken freigehalten, warst immer hilfreicher Ratgeber und hast mit deiner positiven, menschlichen Herangehensweise alle Probleme, die sich im Laufe der Zeit vor mir und uns auftürmten, überwunden. Ohne dich hätte ich das alles nicht geschafft!

Und mein Sohn Ben, der gerade an der Schwelle zum Erwachsenwerden steht und auf den ich sehr stolz bin, wie er all die Herausforderungen meistert, die jungen Menschen heutzutage begegnen. Als alter Ex-Kicker finde ich es etwas schade, dass du vom Fußball auf den Scooter umgestiegen bist. Aber was du damit anstellst, ist echt weltstark – wenngleich ich als besorgter Vater manchmal gar nicht hinschauen kann. Ich verspreche dir, dich bei allem zu unterstützen, was du dir für deine Zukunft vorstellst – auch wenn eine Trillerpfeife dabei keine Rolle spielt.

Einen Teil meiner Einnahmen aus diesem Buch möchte ich der DFB-Stiftung Egidius Braun zukommen lassen, die sich um vielfältigste gesellschaftliche und soziale Projekte kümmert.

Deniz Aytekin, im Herbst 2021

Über die Autoren

Deniz Aytekin wurde 1978 in Nürnberg geboren. Er studierte berufsbegleitend Betriebswirtschaftslehre und ist hauptberuflich als Unternehmer tätig. Seit 2004 ist er Schiedsrichter des DFB, seit 2008 Bundesliga-Schiedsrichter, seit 2011 FIFA-Schiedsrichter. In der Saison 2018/19 wurde er vom DFB als Schiedsrichter des Jahres ausgezeichnet. Aytekin ist Familienvater und lebt in Oberasbach.

Andreas Hock wurde 1974 in Nürnberg geboren. Er brach sein Jura-Studium ab, um Journalist zu werden. Bei der *Abendzeitung* war er einer der jüngsten Chefredakteure Deutschlands. Seit 2011 ist der leidenschaftliche »Club«-Fan als Autor tätig und veröffentlichte mehrere Bestseller. Zuletzt erreichte er mit *Und erlöse uns von den Blöden* zusammen mit Monika Gruber die Nummer 1 der *Spiegel*-Bestsellerliste Sachbuch.